Bob Frissell

Aus der Zukunft in die Gegenwart

Wir sind spirituelle Wesen, die erleben Mensch zu sein

Titel der Originalausgabe:
»You Are a Spiritual being Having a Human Experience«,
first printing 2001
Frog LTD, Berkeley CA
Aus dem Englischen von Silvia Autenrieth
Die Deutsche Bibliothek – CIP–Einheitsaufnahme
 – 1. Auflage: September 2001
Lektorat: Franz Simon
Layout: Sajana's
Gesamtherstellung: Karin Schnellbach
Druck: Wiener Verlag
ISBN 3-929512-82-3

Bob Frissell

Aus der Zukunft in die Gegenwart

Wir sind spirituelle Wesen, die erleben Mensch zu sein

KOHA-Verlag

Inhalt

Vorwort

Seit den achtziger Jahren bin ich als »Rebirther« tätig. Leonard Orr unterwies mich in seiner mittlerweile berühmt gewordenen Methode zur Beseitigung emotionaler Blockaden und Wiedererlangung der Erinnerung an die eigene Geburt sowie an vorgeburtlichen Erfahrungen und Dinge jenseits davon. Nachdem ich viele Jahre lang erfolgreich Rebirthing-Workshops abgehalten hatte, wurde ich Ende der achtziger unzufrieden mit meinem Leben als Rebirther und dem Dienst, den ich anderen damit erwies. Warum kamen die Leute in meine Workshops? Hauptsächlich, um ihre persönlichen Probleme zu lösen oder beruflich weiterzukommen – kurz und gut, um herauszufinden, wie sie ihr materielles Wohlergehen steigern könnten. Selbst wenn sie sich mit dem befassten, was sie ihre »Beziehungen« nannten, war ihre Sicht davon, was »Beziehung« bedeuten mochte, in der Regel so materialistisch und eng, dass es wehtat. Ja, sie machten sich Gedanken über Dinge wie ihr »Selbstwertgefühl«, aber damit meinten sie eigentlich eher, wie es ihrem Ego erging. Das Nonplusultra für sie war ein Dasein voller Annehmlichkeiten und Vergnüglichem, ohne irritierende Konflikte oder Ängste – nur sehr wenigen ging es um das Wohl anderer oder um das, was ökologisch betrachtet auf dem Planeten passierte oder spirituell betrachtet im Kosmos. Der Idealismus der Sechziger war tot und lag lange zurück, populärer wurden da schon die Methoden, mit denen man etwas bei sich selbst verbessern konnte, und ich wurde das alles zunehmend Leid. Irgendwie lag unsere Kultur mit ihrer Sicht des Lebens schrecklich daneben, und ebenso wenig stimmig war es für mich, wie ich hiermit umging. Meine eigene Praxis als Rebirther hatte sich auf eine Weise entwickelt, die mir durchaus persönliche Befriedigung verschaffte, aber genau da schien das Problem zu liegen. Unser Dasein musste einfach mehr als persönliche Befriedigung bedeuten. So viel stand fest: Irgendein Puzzleteil fehlte.
All das änderte sich Anfang der neunziger Jahre dramatisch, als sich mir eine ganz neue Welt von Informationen erschloss, durch die ich die Geschehnisse nicht nur in unserer Gesellschaft, sondern auch auf der Erde überhaupt und sogar im Universum als Ganzem in einem vollkommen neuen Licht sah. Plötzlich ergab alles wieder einen Sinn, und das auf eine völlig neue, wunderbare Weise.
Mit zu den Dingen, die mir halfen, alles wieder zusammenzufügen,

gehörte für mich meine Begegnung mit Drunvalo Melchizedek. Seitdem halte ich Vorträge über seine Gedanken und veranstalte Workshops zu den Übungen, die wir von ihm an die Hand bekommen haben. Und ich muss sagen, dass ich bis heute glaube, dass diese Lehren unter den Recherchen und Erkenntnissen, die derzeit auf der Erde präsentiert werden, Hoffnung stiften im Hinblick auf die Zukunft des Planeten wie nichts sonst.

Einleitung

Wir leben heute in einer Zeit, die nicht nur innerhalb der Menschheitsgeschichte einmalig ist, sondern, soweit wir wissen, auch in der Geschichte des gesamten Universums. Unsere Evolution beschleunigt sich aktuell in einem solchen Tempo, dass Wesen aus jedem Teil des Kosmos auf uns aufmerksam geworden sind, denn was sich hier bei uns tut, wird Auswirkungen auf das Leben überall zeigen.

Selbst auf dem Niveau jener Dimension betrachtet, auf der wir uns alltäglich befinden, sind die derzeitigen Veränderungen allseits unverkennbar. Die Technik entwickelt sich so rasant, dass selbst die Wissenschaft kaum mit ihr Schritt halten kann. Unser Wissen in Form neuer Daten über das Universum, die von unseren Radioteleskopen, Satelliten und Raumsonden gesammelt werden, vermehrt sich so rasant, dass selbst die NASA bereits Jahre im Hintertreffen ist, wenn es darum geht, die neu gewonnenen Kenntnisse zu assimilieren, zu integrieren und interpretieren. Gleichzeitig erlauben ultraschnelle Rechner es der Wissenschaftstheorie, in einem solchen Tempo Theorien aufzustellen, dass weder die Zeit noch die Möglichkeit besteht, Experimente zu ersinnen, um sie in der Praxis zu überprüfen!

Ist all das positiv, oder schliddern wir auf eine Katastrophe zu? Gibt es ein vorherbestimmtes Szenarium für unser Schicksal, in dem bereits festgelegt ist, wie das alles letztlich ausgehen wird? Oder ist es irgendwie uns überlassen? Oder dem Zufall?

Wir wissen, dass unser gesamter Planet auf scheinbar jeder Ebene von bestimmten Entwicklungen bedroht ist. Noch immer wächst die Weltbevölkerung in einem Ausmaß, das für die Erde mit Sicherheit sehr bald nicht mehr zu verkraften ist. Wissenschaftler aus der Europäischen Gemeinschaft sagen schon jetzt vorher, dass in zehn Jahren nicht mehr genug Trinkwasser für die Weltbevölkerung vorhanden sein wird. Die Anstrengungen, die Länder wie China unternehmen, um die künftige Ernährung der eigenen Bevölkerung sicher zu stellen, sind schon für sich genommen eine Gefahr für die Umwelt. Auf der ganzen Welt vernichten industrielle Expansionsbestrebungen, durch die man eine Partizipation »unterentwickelter« Länder an der Weltwirtschaft erreichen will, gleichzeitig die einheimische Landwirtschaft, mit massiven Folgen für die dortigen Lebensgewohnheiten und einer buchstäblichen Versklavung der dort ansässigen Völker.

Elektronische Kommunikationsmittel und immer bequemer gewordene Möglichkeiten, schnell von einem Ort zu anderen zu jetten, haben aus unserer Welt »eine Welt« gemacht, doch bedroht bereits dieser Prozess für sich genommen die Existenz des Lebens auf der Erde.

Fast ebenso zahlreich wie die Gründe, sich über ein sich ankündigendes Desaster zu sorgen, sind jedoch gleichzeitig Prognosen über enorme Verbesserungen in unserem Leben. Der genetische Code ist entschlüsselt, und man steht kurz davor, alle genetischen Informationen, die das Menschengeschlecht ausmachen, das »menschliche Genom«, vollständig zu verstehen. Dies, so hören wir, wird enorme Möglichkeiten für die Heilung von Krankheiten sowie für die Krebsvorsorge und Prophylaxe bei anderen Erkrankungen mit sich bringen. Bahnbrechende Fortschritte auf dem Gebiet der Solarenergie und der Nutzung anderer Energiequellen, die im Kosmos unbegrenzt zur Verfügung stehen, warten gleich hinter der nächsten Ecke. Fast sind wir sogar schon so weit, zu verstehen, was beim Alterungsprozess geschieht. Innerhalb eines Jahrzehnts, so die Wissenschaft, wird die menschliche Lebenserwartung auf einhundertundzwanzig Jahre gestiegen sein, und bis Ende dieses Jahrhunderts werden wir buchstäblich unsterblich sein. Und dennoch steht jedem Fortschritt eine entsprechende Gefahr gegenüber. Eine Ausschöpfung der Möglichkeiten von Bio-Verfahrenstechnik und Biotechnologie im Sinne eigennütziger Wirtschaftsinteressen droht unsere Fähigkeit auszurotten, Leben auf natürlichem Wege aufrecht zu erhalten. Die materiell ausgerichtete Technologie und Technik scheint unsere spirituelle Kraft zu mindern. Jede Aufgabe, die wir Maschinen beibringen, bedeutet eine Aufgabe, die wir nicht mehr selbst verrichten können, wodurch hoch qualifizierte Arbeitskräfte ihren Job verlieren und altehrwürdige Fertigkeiten überholt und zu bloßen Relikten aus der Vergangenheit werden.

Gleichzeitig sind da Veränderungen im Hinblick auf die Bedingungen auf der Erde selbst und im Sonnensystem, die für das Leben auf der Erde bedrohlich scheinen. Geologen wissen, dass jederzeit mit einer Verschiebung der Erdachse wie auch der Magnetpole zu rechnen ist. Tatsache ist, dass eine enorme Explosion auf der Sonne 1972 beinahe das gesamte Leben auf der Erde vernichtet hätte, wäre da nicht die Fürsorge und Intervention der Sirianer gewesen – Wesen eines anderen Sternensystems, die mit unserem Schicksal innig verbunden sind.

Diese historischen und natürlichen Veränderungen sind nur die äußerliche Seite von Veränderungen, die derzeit in unserer Beschaffenheit – als mit einem Bewusstsein ausgestattete Wesen – auftreten. Wir befinden uns inmitten einer beschleunigten spirituellen Evolution, die es im bislang bekannten Universum noch nie gegeben haben soll. Alte Prophezeiungen und astrologische Theorien sind sich einig, dass wir in einem Moment des Übergangs und großer Veränderungen leben, doch die Geschwindigkeit, mit der diese Veränderungen hier auftreten, ist beispiellos und war selbst von unseren visionärsten Weisen nicht vorhergesehen worden.

Die alte Welt liegt im Sterben und schreit nach Erlösung; eine neue Welt kommt zum Vorschein, und in diese werden wir nun alle hineingezogen. Diese neue Welt bietet unglaubliche Möglichkeiten: Eine Verlagerung in der Natur unseres Bewusstseins und dem dimensionalen Aufbau der von uns bewohnten Region der Welt; die Verheißung eines »Aufstiegs« zu einer neuen Form des Daseins, bei der alte Konflikte dahinschmelzen und Harmonie, Liebe und Freude die konstante Basis unseres Daseins darstellen. Der Übergang zu dieser neuen Welt jedoch scheint mit Kampf und Orientierungslosigkeit belastet. Es wirkt nicht so, als seien wir für diesen Übergang gut gerüstet. Unabgeschlossenes aus unserer Vergangenheit – unabgeschlossene Emotionen, Intentionen und persönliche Lebensgeschichten schlummern in uns, und sofern nicht jeder und jede Einzelne von uns ihnen Rechnung trägt, werden wir uns gegen die bevorstehenden Veränderungen wehren. Dieser Widerstand wird uns eine Menge Leid bescheren und uns davon abhalten, mit offenen Armen die sich neu eröffnenden Möglichkeiten zu begrüßen.

Die Hauptbotschaft dieses Buches lautet: a) Wir selbst erschaffen unweigerlich die Wirklichkeit, und b) Die Art und Weise, wie wir die Veränderungen in uns und um uns herum erleben, hängt voll und ganz von unseren eigenen Überzeugungen ab und vor allem von unserer eigenen Intention. Wir können uns gegen Veränderungen sperren und für uns einen Rahmen kreieren, in dem wir hilflose Opfer sind und scheinbar jedem äußeren Ereignis ausgeliefert, das uns begegnet, oder wir können durch eine bewusste Wahrnehmung der Einheit allen Seins unsere Identität neu definieren und laut und vernehmlich verkünden, dass wir spirituelle Meisterinnen und Meister sind, in deren Macht es steht, ihren eigenen Rahmen, ein Umfeld der Einheit und Harmonie, zu erschaffen. Alles hängt von der Reinheit unserer Intentionen ab – unserem Vermögen, diesen Umschwung in unserer Identität ohne Zögern und weiteres Nachdenken zu wollen, und uns daran zu machen, Unabgeschlossenes aus unserer Vergangenheit zu integrieren.

Die Basis für diese Identitätsverschiebung hat nichts von einer Tatsache, die sich durch äußerliche Beweise demonstrieren lässt; vielmehr handelt es sich um eine Möglichkeit, die es intuitiv zu erfassen gilt: Dass wir hier und jetzt spirituelle Wesen sind (und von Anfang an waren), die sich dafür entschieden haben, zu diesem Zeitpunkt hier auf der Erde zu sein, um zum Evolutionsprozess des Planeten beizutragen. Vielleicht können wir uns an diese Entscheidung nicht erinnern, durch die Lektüre dieses Buches jedoch und durch Arbeit mit den Übungen, die ich bereits in *Nothing in this Book Is True, but It Is Exactly How Things Are* (dt. Titel: Zurück in unsere Zukunft, vorwärts in die Vergangenheit) und *Something in this Book Is True…* (dt. Titel: Die Wurzeln der Zukunft) vorgestellt habe, wird intuitiv klar werden, was es heißt, ein spirituelles Wesen zu sein, das sich hier befindet, um zu erfahren, wie es ist, Mensch zu sein.

In diesem Buch möchte ich die Faktoren skizzieren, die an dem Übergang beteiligt sind, in dem der Planet und wir als seine Bewohner aktuell stehen, und inwiefern wir alle höchst aktiv Anteil haben an dem, was geschieht. In einem ganz realen Sinn kommen wir in eine Welt hinein, die wir mit unseren Gedanken und Intentionen selbst erschaffen. Obwohl es ohnehin ein universelles Gesetz ist, dass wir unsere Welt mit unserem Bewusstsein erschaffen – unter den neuen Bedingungen, die sich derzeit herausbilden, wird unglaublich deutlich werden, wie unmittelbar die Verbindung zwischen Gedanke und Wirklichkeit ist. Ebenso verhält es sich mit der Intimität unserer Beziehung

zu allem Leben überall und unserer Verantwortung dafür, den Rahmen für das Dasein selbst zu erschaffen.
Im ersten Teil des Buches werde ich näher auf die Ideen hinter einigen der Themen eingehen (und sie hoffentlich noch etwas näher ausführen), die ich bereits in meinen anderen Büchern ansprach: den dimensionalen Aufbau des Kosmos, die Einheit allen Seins, das Wesen der Polarität. Im zweiten Teil möchte ich auf die psychologische und persönliche Seite der Evolution des Bewusstseins zu sprechen kommen: Wie die Arbeit eines einzelnen Menschen an sich selbst – das Auflösen von Unabgeschlossenem aus der Vergangenheit, die Umdefinition der Identität vom Status des Opfers zu dem eines spirituellen Meisters oder einer spirituellen Meisterin – die Schlüssel nicht nur zu unserem eigenen Wachstum, sondern auch zur Evolution des Planeten sind. Im dritten Teil gehe ich darauf ein, was wir über unseren aktuellen Zeitpunkt in der Geschichte des Planeten, der Galaxie und das Sein selbst wissen und nicht wissen. Vor allem für diesen dritten Abschnitt gilt, dass ich keine definitiven Antworten auf die von mir aufgeworfenen Fragen geben werde, vielmehr werde ich aufzeigen, wie wir alle uns in dieser problematischen und spannenden Zeit orientieren können – ungeachtet der Tatsache, dass die Dinge einen so einzigartigen Punkt erreicht haben, dass nicht einmal die Aufgestiegenen Meister und die Melchizedeks wirklich sicher sind, was sich da abspielt.

»Es war die beste Zeit und die schlimmste«, schrieb Charles Dickens über die Jahre der Französischen Revolution. Scheinbar beobachten wir hier das Wirken eines kosmisches Gesetzes: dass überall dort, wo große Hoffnung besteht, auch große Gefahr lauert; dass uns genau da, wo wir uns am Rande einer Katastrophe zu befinden scheinen, womöglich gleich hinter der nächsten Ecke ein Gewinn an dem Ganzen erwarten mag, von dem wir nicht einmal zu träumen gewagt hatten.

TEIL I

Die Einheit allen Seins

Eine Welt mit vielen Dimensionen

Das Universum umfasst in seiner Gesamtheit eine enorme Vielzahl an Ebenen oder »Dimensionen« des Seins, wobei jede Dimension ihre eigene Wirklichkeit besitzt und Ausdruck eines anderen Bewusstseins ist. Es gibt Überschneidungen zwischen den Dimensionen. Wir leben in der dritten Dimension, doch existieren zum jetzigen Zeitpunkt gleichzeitig auch alle anderen Dimensionen des Planeten Erde, sich wechselseitig durchdringend, als befänden sie sich an ein und demselben Ort und jede höhere Dimension umfasse auch die Phänomene, die sich in den darunter liegenden Dimensionen zeigen und ergänze eine neue Sichtweise von ihnen. Die dritte Dimension, in der wir beheimatet sind, ist die niedrigste Ebene, auf der das Bewusstsein die Gestalt intelligenter, verantwortlich handelnder Lebensformen annehmen kann.

Nun spielt sich unser menschliches Leben heute nicht nur auf der dritten Dimension ab. Wir leben auch auf der zweiten Bewusstseinsebene (ich gehe gleich noch auf die unterschiedlichen Bewusstseinsebenen ein). Die zweite Bewusstseinsebene jedoch ist eine Dimension, in der ein Bewusstsein der Einheit von allem, was ist – der wechselseitigen Verbundenheit von allem Leben in allen Dimensionen – fehlt. Wir sehen Derartiges nicht, und ebenso wenig wissen wir oder spüren wir es, bis auf einige wenige Momente oder in einem besonderen Bewusstseinszustand. Was wir wahrnehmen, ist eine Welt, die aus voneinander getrennten Dingen und Wesen besteht. Wir nehmen eine dualistische Welt wahr – eine Welt, die geteilt ist – polarisiert – zwischen Dingen und Ereignissen, die gut, und solchen, die schlecht zu sein scheinen. Und wir nehmen eine Welt wahr, die gründlich in einer Art von Zeit gefangen ist, in der alles eine Zeitlang zu existieren scheint und dann in Vergessenheit gerät. Ich werde im weiteren Verlauf des Buches noch viel mehr über die Einheit allen Seins zu sagen haben, jene Sichtweise, die die Dualität transzendiert, sowie über das Wesen der Zeit.

Jede Seinsdimension wird energetisch durch eine einzige Wellenform organisiert – eine einzige Schwingung, die dafür sorgt, das Erscheinungsbild der Wirklichkeit für alle Wesen, die in dieser Dimension leben, zusammenzufügen und aufrecht zu erhalten. In Wahrheit wird diese Wellenform selbst durch diese Wesen geschaffen – sie entspricht der charakteristischen Schwingung, die ihrem Denken entspricht und erschafft die Basis für das, was sie als real erleben. Um diese Grund-

schwingung zu verändern, müssen wir lediglich unsere dimensionale Ebene verändern, oder – was auf dasselbe hinausläuft – die anderen, höheren »Frequenzen« wahrzunehmen beginnen –, die Frequenzen der anderen Dimensionen.
Die Region des Universums, der wir angehören, gleicht im Aufbau einer Tonleiter: Sie erstreckt sich über eine »Oktav«, bei der der höchste »Ton« auf einem niedrigeren Schwingungsniveau die Grundmerkmale des tiefsten »Tons« spiegelt. Jeder Ton steht für eine Dimension, eine Ebene. Und ebenso wie die Oktav die zwölf Töne der chromatischen Tonleiter umfasst (alle weißen und schwarzen Tasten des Klaviers zusammengenommen), plus einem dreizehnten Ton, bei dem es sich um den ersten Ton der nächsten Oktav handelt, so gibt es in unserer Region des Universums zwölf Hauptebenen, was die Dimensionen angeht. Nun umfasst die Tonleiter in der Musik eigentlich mehr als diese zwölf Haupttöne. Zwischen zweien dieser Töne existiert nämlich jeweils ein Kontinuum verschiedener »Mikrotöne«. Man hört das, wenn jemand virtuos ein Instrument wie etwa eine Violine beherrscht und so spielen kann, dass ein gleichmäßiger Übergang zwischen den Tönen entsteht. So wie die Melchizedeks den dimensionalen Aufbau unserer Region des Universums verstehen, gibt es zwischen den zwölf Haupttönen jeweils zwölf weitere spezifische »Töne«, d. h. zwölf wichtige dimensionale Ebenen, was insgesamt also hundertvierundvierzig Ebenen ergibt. Die Melchizedeks nennen die zusätzlichen Ebenen unmittelbar ober- oder unterhalb einer bestimmten Dimension die »Obertöne« dieser Dimension. (Wer sich mit der musikalischen Terminologie auskennt, dem sei gesagt, dass diese nicht mit den Obertönen oder »Teiltönen« (Partialen) verwechselt werden sollten, aus denen das Timbre oder die Tonqualität entsteht. Und dennoch haben sie viel von diesen Partialen von daher, dass sie wie die Tonqualität die zwölf Grundebenen modifizieren oder ihnen eine bestimmte »Färbung« geben).

Das Wichtige an diesem System mit den auf unterschiedlichen Ebenen angesiedelten Dimensionen, ist, dass es uns sozusagen eine Landkarte an die Hand gibt, anhand derer wir den Gang unserer eigenen Evolution verfolgen können. Wenn wir uns als bewusste Wesen weiterentwickeln, steigen wir zu immer höheren Dimensionen hinauf; das heißt, wir gelangen zu einer immer umfassenderen Sicht unserer eigenen Natur, wobei die jeweils höhere Ebene (wie schon erwähnt) immer die niedrigere mit beinhaltet. Mit jedem Schritt gelangen wir zu einem tieferen Erleben der Einheit allen Seins, des Einen Geistes, der sich durch alles zieht.

Die fünf Bewusstseinsebenen

Bim Untergang von Atlantis kam es zu einem Absturz des Planeten und seiner Bewohner auf eine tiefere Dimension. Sie müssen sich in einer Region befunden haben, die sich als die höheren Obertöne der vierten Dimension beschreiben lässt, wo die menschliche Spezies mit einem Bewusstsein der Einheit aller Dinge ausgestattet in der dritten Dimension existierte – ganz am Boden des Fasses also, was das Bewusstsein des Selbst angeht. Doch wir stürzten zwar auf eine niedrigere Dimension herab, doch war dieses Ereignis selbst im Grunde ein notwendiger Schritt in der fortschreitenden Evolution des planetaren Bewusstseins. Hier sei erklärt, warum.
Es gibt fünf Bewusstseinsebenen in Verbindung mit den einzelnen Formen von Leben. Diese Ebenen decken sich nicht mit den hundertvierundvierzig Dimensionen und Obertönen der Oktav. So zum Beispiel ist es möglich, auf den höheren Obertönen der vierten Dimension zu existieren und sich dabei auf der ersten Bewusstseinsebene zu befinden. Das war de facto bei den Bewohnern von Atlantis und Lemurien der Fall. Die höheren Obertöne der vierten Dimension sind auch der Punkt, wo wir unsere eigene Entwicklung hin zur nächsten Dimension, der nächsten Ebene, abgeschlossen haben. Wo wir uns jetzt befinden und in den letzten dreizehntausend Jahren befunden haben, ist die zweite Ebene. Wohin wir gehen, ist die dritte Ebene.
Nun kommt es auf der ersten, dritten und fünften Ebene in unterschiedlichem Ausmaß zu einer Wahrnehmung der Einheit allen Seins und im Großen und Ganzen einer Harmonie mit ihr, während die zweite und vierte Ebene sich »disharmonisch« hierzu verhält. Auf der zweiten und vierten Ebene besteht kein Einheitsbewusstsein. Die Folge davon ist, dass wir in einem Leben auf diesen Ebenen alle erdenklichen Konflikte und sonstigen von Disharmonie und Gestörtheit gekennzeichneten Phänomene finden. Dennoch sind die zweite und vierte Ebene notwendig als Etappen bei der Entwicklung von der ersten zur dritten beziehungsweise von der dritten zur fünften Ebene.
Die erste Ebene ist mit anderen Worten in evolutionärer Hinsicht eine

primitivere Bewusstseinsform als unsere eigene, obwohl die Menschen auf dieser Ebene eine Form von Einheitsbewusstsein erlebten und wir nicht, und obwohl die Welt der Atlanter eine Welt in der vierten Dimension war. Auf der dritten Ebene erfahren wir ein Einheitsbewusstsein, das eine höher entwickelte Gestalt aufweist. Es gibt eine saubere und klare Erklärung dafür, warum diese Ebenen die Eigenschaften aufweisen, die sie eben haben und die ich in meinen *Flower of Life*-Workshops darlege. Sie basieren auf der heiligen Geometrie und der Logik hinter dieser.

Der wichtige Punkt für unsere Zwecke hier ist der, dass die Einwohner von Atlantis sich auf der ersten Ebene befanden. Wo wir uns nun befinden, ist die zweite Ebene. Und wohin wir unterwegs sind, das ist die dritte Ebene.

Die Wesen auf den drei Ebenen unterscheiden sich durch ihre Körpergröße, durch die Anzahl der Chromosomen, aus denen sich das Erbmaterial in ihren Zellen zusammensetzt, und durch die Art ihres Gedächtnisses, das heißt, darin, wie sie Zugang zur Vergangenheit haben. So zum Beispiel lag die Körpergröße auf der ersten Ebene bei rund neunzig bis hundertfünfzig Zentimetern, während sie auf der dritten Ebene drei bis fast fünf Meter betragen wird. In *Zurück in unsere Zukunft* gehe ich auf die genauen Unterschiede in der Anzahl der Chromosomen ein, und wer sich dafür interessiert, kann dort nähere Details nachlesen. Die Art von Gedächtnis, die auf der ersten Ebene verfügbar ist, trägt den Namen »Traumzeit«-Erinnerung. Die heutigen Aborigines (die nie von der ersten Ebene zur zweiten mutiert sind, was sich daran ablesen lässt, dass sie nie eine Schrift entwickelt haben) kennen eine Daseinsweise, die sie »Alcheringa« nennen, was de facto »die Traumzeit« bedeutet. Aus ihrem Blickwinkel ist die Traumzeit die elementare Grundlage der Wirklichkeit. Im Kern verhält es sich so, dass die Menschen in der Traumzeit-Erinnerung in der Lage sind, sich an alles, was in der Vergangenheit geschehen ist, holografisch zu erinnern. Sagen wir zum Beispiel, gestern hätte ein Stammestreffen stattgefunden und ein Aborigine wäre dabei anwesend gewesen, so konnte er oder sie die gesamte Szene holographisch wieder erstehen lassen, mit allem, was dabei gesagt und getan wurde. Ziemlich ähnlich wie beim »Holodeck« in Star Trek. Würde jemand anderes in diese wieder erstandene Szene eintreten, könnte er oder sie jeden Moment davon erneut durchleben.

Auf der dritten Bewusstseinsebene haben wir das, was als »Echtzeit-Erinnerung« bezeichnet wird. Mit der Echtzeit-Erinnerung verhält es sich so, dass alles, was man denkt, sich sofort manifestiert: Die Wirklichkeit ist eine Funktion oder ein Produkt eines Gedankens oder Gefühls und nimmt unverzüglich Gestalt an. Du denkst es, und siehe da – schon taucht es als etwas ganz Reales vor dir auf. Wenn du an ein Meeting von gestern denkst, erschaffst du keine holografische Nachbildung davon, sondern du bist regelrecht dort. Vergangenheit und Gegenwart und Zukunft sind auf diese Weise gleichermaßen verfügbar, da sie sich gewissermaßen gleichzeitig ereignen: Die Zeit verläuft nicht linear, wie es auf unserer zweiten Ebene den Anschein hat, sondern eher kreisförmig. Diese Art von Zugang zur Vergangenheit ist Teil eines im Vergleich zur Traumzeit der ersten Ebene höheren Bewusstseinsniveaus. Die erste Ebene mit ihrer Traumzeit ist eine Form von Einheitsbewusstsein, aber in einer niedrigeren Form als auf der dritten Ebene. Es ist möglich, sich auf einem der höheren Obertöne der vierten Dimension zu befinden, wo sich das Einheitsbewusstsein als Traumzeit auf der ersten Bewusstseinsebene manifestiert.

Auf der zweiten Bewusstseinsebene müssen wir uns auf unser relativ schwaches persönliches Gedächtnis verlassen sowie auf die unterschiedlichen technischen Hilfsmittel, die wir ersonnen haben, um es zu unterstützen. Tatsache ist, dass die Erfindung der Schrift den Übergang von der ersten zur zweiten Ebene, von der Traumzeit-Erinnerung zum schwachen Gedächtnis unserer gegenwärtigen Bewusstseinsebene, besiegelte. Offensichtlich haben Spuren der Traumzeit noch bis in die Gegenwart überlebt. Während der frühesten Tage der ägyptischen Zivilisation – vor etwa fünftausend Jahren – gab es in Ägypten einen Aufgestiegenen Meister, den man als den Gott Thoth kannte und der genau zu dem Zweck, das Menschengeschlecht ein und für alle Mal aus der Traumzeit hinauszuwerfen, die Schrift einführte.

Die Melchizedeks

Drunvalos »Familienname« bezeichnet eine besondere Kategorie von Wesen, die die Fähigkeit erworben haben, sich frei durch die hundertvierundvierzig verschiedenen Welten oder Dimensionen der Wirklichkeit zu bewegen, aus denen sich unsere »Oktav«, unsere Region des Universums, zusammensetzt. Sie sind dazu gelangt, alle Ebenen in sich zu umfassen. Sie kennen die gesamte Tonleiter. All die unterschiedlichen Sichtweisen, all die unterschiedlichen Modi des Bewusstseins, stehen ihnen unbeschränkt zur Verfügung. Sie können sich willentlich auf die unterschiedlichen Schwingungsebenen einstellen. Wer zu einem Melchizedek wird, steht vor einer Wahl: Er oder sie kann dieses Universum komplett verlassen und in eine dreizehnte Dimension eintreten – eine Dimension, die außerhalb der Oktav existiert. Es ist eine neue Welt, in der alles anders ist. Im Gegensatz hierzu wird immer dann, wenn wir innerhalb der Oktav (das heißt, innerhalb dieses Teils des Universums) von einer Wirklichkeitsdimension zur anderen übergehen – sagen wir, von der dritten in die vierte –, alles in vieler Hinsicht anders aussehen, aber es wird eine grundlegende Verbindung zwischen den einzelnen Ebenen geben. Jede höhere Ebene wird einen umfassenderen Blick auf die darunter gelegenen ermöglichen. Verlässt man jedoch die Oktav, ist nichts mehr so, wie es war. Man betritt einen völlig neuen Raum. Das wiederum bedeutet, mit einer ganz neuen Phase des Daseins zu beginnen, in eine vollkommen neue Phase der eigenen Evolution einzutreten. Doch die Melchizedek verlassen nicht unbedingt die Oktav. Es gibt noch eine andere Möglichkeit: In dieser Oktav zu bleiben und Probleme zu bewältigen, die sich hier ergeben – Schwierigkeiten, die alles Leben betreffen oder die wechselseitigen Beziehungen zwischen den einzelnen Ebenen, oder Probleme, die zwischen dieser Region des Universums und dem Universum insgesamt aufkommen. Ein Melchizedek, der diese Wahl trifft, ist ein wenig wie das, was die Buddhisten als »Bodhisattva« bezeichnen – ein Wesen, das auf die Möglichkeit verzichtet hat, ins Nirwana einzugehen (ein Buddha zu werden), um anderen fühlenden Wesen zu helfen. Drunvalo hat diese Entscheidung vor langer Zeit gefällt. Im Moment erfüllt er einen Auftrag in unserer Welt, der eng damit in Verbindung steht, dem Planeten bei einem harmonischen Übergang zum nächsten Stadium seiner Evolution zu helfen.

Um seine Mission zu erfüllen, musste Drunvalo die Gestalt eines gewöhnlichen Menschen in reiferen Jahren annehmen und sein Leben unter uns leben, ohne wie eine magische oder übernatürliche Wesenheit zu wirken. Damit er möglichst erfolgreich mit so vielen von uns wie möglich kommunizieren konnte, war es notwendig, dass er wirklich ein ganz normaler Mensch sein würde. Wer schon einmal die Chance gehabt hat, an einem Workshop bei ihm teilzunehmen beziehungsweise Videos von ihm zu sehen oder ihn sprechen zu hören, wird

mir sicher zustimmen, dass er scheinbar überhaupt nichts Außergewöhnliches an sich hat. Tatsache ist, dass er tatsächlich gleichzeitig dazu, ein Melchizedek zu sein, ein ganz normaler Mensch ist. Das liegt daran, dass Drunvalo das ist, was wir als »Walk-in« bezeichnen. Ein »Walk-in« ist ein Wesen aus einer Wirklichkeit, die einer höheren Dimension angehört und das ein gütliches Abkommen mit einem gewöhnlichen Menschen getroffen hat, das ihm erlaubt, einen menschlichen Körper und eine menschliche Persönlichkeit in Besitz zu nehmen, um seine Aufgabe zu erfüllen. Drunvalo tat dies im April 1972. Die Person, deren Körper er jetzt übernommen hat, willigte ein, diese Daseinsebene zu verlassen, wofür im Gegenzug ihre spirituelle Entwicklung beschleunigt und unterstützt wurde.
Drunvalo sagt, unmittelbar nachdem er in den Körper seines Gastgebers eingetreten sei, habe er sich zum Großteil an seine eigentliche Identität und sein Leben bis dahin erinnern können. Kurze Zeit später jedoch sei die Lebhaftigkeit dieser Erinnerungen verblasst, und obwohl er in der Meditation und auf anderen Wegen Zugang zu Wirklichkeiten höherer Dimensionen habe, sei er im Großen und Ganzen so ziemlich wie jeder andere Mensch. In Wahrheit verhält es sich jedoch so, dass er ein Wesen aus einer höheren Dimension ist, das erfährt, wie es ist, ein Mensch zu sein – und das weiß er auch. Und die Essenz dessen, was ich hier zu sagen habe, lautet: Wir alle sind spirituelle Wesen – Wesen aus höheren Dimensionen – die erfahren, wie es ist, Mensch zu sein, auf der dritten Dimension zu leben. Nur haben wir aus bestimmten Gründen, die mit der Geschichte dieses Planeten zusammenhängen, diese grundlegende Wahrheit vergessen.

Thoth

Sehr unterstützt wurde Drunvalo bei seiner Arbeit durch seine Gemeinschaft mit Thoth, einem Aufgestiegenen Meister, der buchstäblich für Tausende und Abertausende von Jahren auf der Erde gewesen war. Ein Aufgestiegener Meister befindet sich, wenn man den Gesamtaufbau der Dinge ansieht, auf einer niedrigeren Ebene als ein Melchizedek. Ein Melchizedek beherrscht nämlich die gesamte Oktav, während ein Aufgestiegener Meister über eine begrenztere Fähigkeit verfügt: Er kann willentlich seinen physischen Körper regenerieren und in einen anderen Körper überwechseln, ohne sein Erinnerungsvermögen einzubüßen. Doch da Drunvalo, als er seine derzeitige menschliche Gestalt annahm, viel von seinem Erinnerungsvermögen verloren hatte, erwies sich seine Verbindung zu Thoth als außerordentlich hilfreich. Thoth war in der Lage, Drunvalo über viele Punkte seiner Mission auf dem Laufenden zu halten, von denen er ansonsten nichts gewusst hätte. Drunvalo hatte Zugang zu zwei Engelwesen, die ihm als Lehrer zur Verfügung standen und Führung boten, aber dies geschah nie auf einer normalen Ebene, sozusagen von Mensch zu Mensch. Da Thoth selbst eingehend in viele Stadien der Erdgeschichte involviert gewesen war, war er bestens vorbereitet darauf, sozusagen Drunvalos Waffenkamerad zu werden.

Thoth hatte in Atlantis als Mitglied einer Familie gelebt, die bereits seit mehr als hunderttausend Jahre mit dem Prinzip der physischen Unsterblichkeit vertraut gewesen war. Genauer gesagt, war er der König von Atlantis, mit Namen Chiquetet Arlich Vomalites. Nach dem Untergang von Atlantis leitete er die Rekonstruktion des neues Rasters des Einheitsbewusstseins ein, das heute Teil des Bildes von der nächsten Phase in der Evolution der Erde ist.

Mit dem Aufstieg der ägyptischen Zivilisation nahm er die Identität des ägyptischen Gottes Thoth an, den ich schon zuvor erwähnte. Er war die Gottheit, die man mit der Magie in Verbindung brachte – eine Art Verwandlungskünstler, der unzählige Gestalten annehmen konnte. Es war Teil seines Wesens, seine Natur zu ändern. Man sagte, er sei die »Intelligenz«, die die anderen Götter begleite – er habe keine eigenen Ideen oder Meinungen, sondern stimulierte diese in anderen. Er war der Gott des Intellekts par Excellence. Thoth war es auch, der den Ägyptern die Schrift brachte, um für die Menschheit den Übergang von der ersten zur zweiten Bewusstseinsebene zu vollenden.

Nach dem Niedergang der ägyptischen Zivilisation wurde Thoth als der griechische Gott Hermes bekannt. Für die alten Griechen war er der Götterbote, aber was sie damit meinten, war im Grunde ziemlich dasselbe wie das, wofür Thoth in Ägypten gestanden hatte. Er war einer, der sich immer zwischen die Parteien schaltete – seine Herkunft war das Prinzip der Kommunikation – der Geist, der es ermöglichte, dass von Gott zu Gott oder zwischen Göttern und Menschen Informationen weitergegeben wurden.

Man kannte Hermes als einen Gott, der am Scheideweg wohnte, an Wegkreuzungen weitab der Städte, an denen Menschen aus verschiedenen Ländern auf ihren Reisen vorbei kamen. Er war ein Bewohner des Niemandslands, angesiedelt an Orten zwischen Hier und Dort. Überall wo und immer dann, wenn Dinge sich veränderten und zu etwas anderem wurden, wenn sich eine Kluft in der Identität von Dingen auftat – die Kluft zwischen der Unterwelt und der Erde oder zwischen Leben und Tod beispielsweise – dort war Hermes anzutreffen. Hermes war auch ein großer Lehrmeister und Initiator in Mysterien, da Initiation immer und überall den Übergang von einem Seinszustand in einen anderen mit sich bringt.

Einer seiner wichtigsten Initianten war der griechische Philosoph Pythagoras, allen Abiturienten als Urheber des »Satzes des Pythagoras« bekannt, bei dem es um die Seiten und Hypotenusen von Dreiecken geht. Pythagoras war ein Freund und Student von Hermes /Thoth, und seine Praxis der Geometrie war in Wirklichkeit ein Teil der von ihm gelehrten heiligen Geometrie, die er natürlich wiederum von Thoth erlernte. Die Grundlage der westlichen Musik, Architektur und Schönen Künste wurzelt in der Schule des Pythagoras, und so besteht zwischen vielen Aspekten der westlichen Kultur und Thoths persönlichem Eingreifen in unser Geschick eine unmittelbare Verbindung.

Thoth hat in der gesamten Geschichte des Westens bis in die jüngste Zeit weitergelebt – genauer gesagt, bis zum 4. Mai 1991. Vom 1. November 1984 bis zu Thoths Abschied stand Thoth unmittelbar mit Drunvalo in Kontakt, und es geht teilweise auf diesen Kontakt zurück, dass Drunvalo, wie schon erwähnt, viel von seinem Wissen bewahren konnte, trotz der Tatsache, dass seine Erinnerung an seinen eigenen Zustand dem Zerfall anheim gefallen war. (Ansonsten blieb Drunvalo noch über ein Engelspaar mit seinem eigenen höheren Wissen in Kontakt, das in bestimmten Zeitabständen immer wieder mit ihm in Verbindung trat und mit dem er seinerseits bei Bedarf Kontakt aufnehmen konnte.)

Der Aufstieg der Aufgestiegenen Meister

Thoth erwähnte Drunvalo gegenüber, bevor er 1991 ging, dass die Aufgestiegenen Meister gedacht hatten, der Planet würde kollektiv im Vorjahr auf die vierte Dimension aufsteigen, und zwar aufgrund gewisser Dinge, die während jener Zeit kulminierten, in der, wie sich herausstellen sollte, die Operation »Desert Storm« stattfand – der Golfkrieg. Während der letzten Augustwochen 1990, so dachten sie, würde der

Planet eine gewisse »kritische Masse« im Hinblick auf die diversen Faktoren erreichen, die gegeben sein mussten, damit es zum Aufstieg käme. Vom 10. bis 19. Januar würden sich die Energien der Erdebene dann fokussieren.

Der 10. bis 19. Januar ist hyperdimensional betrachtet ein ganz besonderer Zeitraum. Es öffnet sich in der Großen Pyramide in Ägypten eine Art von »Zeitgewölbe«, und wenn man weiß, wie man davon Gebrauch machen kann, wird eine Öffnung zur hyperdimensionalen Wirklichkeit verfügbar. Drunvalo war während dieses Zeitraums zu zwei weiteren Anlässen nach Ägypten gereist, um sich besonderen Initiationen zu unterziehen, beide Male unter der Anleitung von Thoth. Die Aufgestiegenen Meister hatten das Gefühl, dass in der Woche vom 10. bis 19. Januar 1991 ein großes Menschheitsereignis die Welt, oder zumindest einen großen Teil der Welt, vereinen würde, und dass wir bis Frühjahr desselben Jahres alle kollektiv auf die neue Dimension aufsteigen würden. Die Aufgestiegenen Meister selbst würden als Katalysatoren fungieren, um uns dabei zu helfen. Sie hatten geplant, als komplette Gruppe zu starten und dimensional betrachtet so weit aufzusteigen wie sie konnten, mit dem Gedanken, dass ihr eigener Aufstieg zum Auslöser werden würde, den Planeten ebenfalls hinauf zu ziehen. Sollte es ihnen gelingen, so war eine reichlich unruhige Überfahrt für die Erdbewohner zu erwarten – die Kulmination diverser Katastrophen und Unglücke, die man in verschiedensten Prophezeiungen vorhergesagt hatte – aber am Ende würden wir alle in einer vollkommen verwandelten Welt landen. Doch während des entscheidenden Zeitraums, exakt in diesem Zeitfenster, kam es zu unserem physischen Angriff auf den Irak. Das war am 15. Januar 1991. Die Aufgestiegenen Meister suchten einen Moment, wo die Erde sich zusammenfinden würde, um eine Form von Einigkeit herzustellen. Nun, es stimmt schon: Wir taten uns zusammen – im Wesentlichen in der Form, dass sich die ganze Welt gegen Saddam Hussein zusammenschloss, aber ich glaube nicht, dass das die Art von Einheit war, die sie gemeint hatten, und so sahen die Meister von der Angelegenheit ab und strebten den Aufstieg nicht mehr an.

Dann jedoch muß zwischen Januar und Mai dieses Jahres irgendetwas geschehen sein, wenn wir auch nicht genau wissen, was. Am 4. Mai kam Thoth zu Drunvalo und sagte, ihre Arbeit miteinander sei nun abgeschlossen. Aber er wiederholte etwas, worauf er bereits an früherer Stelle angespielt hatte – dass sich das Geschehen auf der Erde etwas »merkwürdig« ausnähme – es geschähen da Dinge, die die Aufgestiegenen Meister nicht ganz einordnen konnten. Sie hingen mit der rasanten Beschleunigung der planetaren Evolution aufgrund der Intervention der Sirianer zusammen sowie mit dem holografischen Schutzfeld, das die Sirianer geschaffen hatten, um zu verhindern, dass die Erde von der Sonne aufgesogen würde. Thoth sagte Drunvalo, dass unsere Situation sich nicht so darstelle wie erwartet, aber dennoch würden sie am 4. Mai gehen. Sie hätten herausgefunden, wie sie auf die nächste Oktav gelangen würden, und dazu hätten sie einen neuen Plan geschmiedet. Statt dass alle Meister auf einmal aufsteigen und auf diese Weise dem Planeten Auftrieb geben würden, würden sie jetzt in Gruppen zu je zweiunddreißig aufsteigen, in einer *Gruppen-Merkaba*, die so konstruiert war, dass sie sie über die »Große Mauer« – die Barriere zwischen den Oktaven – hinüberbringen würde, in die dreizehnte Dimension. Er gab Drunvalo diese Information – was sie sich überlegt hatten, um auf die nächste Oktav zu gelangen –, und noch an diesem Tag startete Thoth, zusammen mit seiner Gemahlin Shesat und dreißig weiteren Aufgestiegenen Meistern.

Die Bildung der *Gruppen-Merkaba* funktionierte, wie Drunvalo sagt, tatsächlich. Und das ist ein weiterer Faktor, der uns dazu bringen sollte, davon auszugehen, dass der Aufstieg des Planeten Wirklichkeit ist. Bevor Thoth den Planeten verließ, wies er Drunvalo an, einen bestimmten Workshop abzuhalten, »Tri-Phase Workshop« genannt. Er umfasste unter anderem Anleitungen zur Formierung einer *Gruppen-Merkaba* wie der, in der die Aufgestiegenen Meister den Planeten verlassen hatten. Zuerst verstand Drunvalo nicht, warum er instruiert wurde, diesen Workshop abzuhalten, denn es machte nicht den Eindruck, als stünden wir auch nur im Entferntesten kurz vor dem Punkt, wo wir soweit waren, solche Gruppen zu bilden und aufzusteigen. Es stellte sich jedoch heraus, dass der Zweck der Instruktionen gar nicht darin lag, Menschen etwas beizubringen, sondern den Planeten wachzurütteln, Mutter Erde und ihr *Merkaba-Feld* wieder wach werden zu lassen, das buchstäblich dreizehntausend Jahre geschlummert hatte. Und so ist nun, sofern das stimmt, das *Merkaba-Feld* der Erde wieder aktiv.

Die Erschaffung der Wirklichkeit

Ich erzähle all das hier, um einen Kontext für das zu schaffen, was jetzt kommt. Wenn ich sage, dass wir spirituelle Wesen sind, so meine ich damit, dass wir in Dinge involviert sind, die von sehr breitem Interesse sind. Unsere spirituelle Arbeit dreht sich nicht nur um unser persönliches Glück. Es geht dabei um das Schicksal des Planeten und eigentlich um noch mehr als das: Das Schicksal allen Lebens überall. Wir haben eine menschliche Gestalt angenommen, um dabei zu helfen, dass der Planet auf die nächste Dimension geboren wird. Und damit wir unseren eigenen »Aufstieg« erlangen, müssen wir uns mit dieser Tatsache und dieser Aufgabe identifizieren.

Was bedeutet es nun also, dass wir spirituelle Wesen sind, die Erfahrungen als Mensch sammeln?

Was genau sind spirituelle Wesen und was tun sie, und was hat es mit den »Erfahrungen als Mensch« auf sich, die wir gerade durchleben?

Der Grundgedanke ist, dass wir als spirituelle Wesen die Aufgabe haben, die Wirklichkeit zu erschaffen. Typisch für uns ist aber auch, das zu erschaffen, was nicht die Wirklichkeit ist. Ich meine, wenn wir in Unkenntnis und Illusion leben, so ist das ebenso sehr unser Werk, wie wenn wir mit wachem Bewusstsein und in der Wahrheit leben. Und das ist der Fall, ob wir es wissen oder nicht, ob es uns gefällt oder nicht, ob wir es verstehen oder nicht. Spielt alles keine Rolle. Die Wirklichkeit ist unsere Schöpfung, hundertprozentig, ausnahmslos, ob wir diese Tatsache gelten lassen oder ob wir sie verkennen beziehungsweise leugnen. Der einzige Unterschied liegt darin, dass wir, wenn wir das wissen und anerkennen, die Gelegenheit haben, die Wirklichkeit bewusst zu erschaffen. Und wenn wir es nicht wissen, oder wenn wir es wissen und es uns nicht gefällt oder welche Variante hiervon auch immer, erschaffen wir dennoch die Wirklichkeit. Nur tun wir es unbewusst oder auf eine Weise, die uns auf Gedeih und Verderb den Aufs und Abs des Leben aussetzt, so dass wir ohnmächtige Opfer werden.

Die Wirklichkeit selbst ist also eine Funktion unseres Bewusstseins. Und das heißt, immer wenn wir vor Problemen oder Schwierigkeiten stehen, welcher Art sie auch sein mögen, ob persönlicher, globaler oder universeller Art, diese nur über das Bewusstsein zu lösen sind. Wenn es also stimmt, dass wir unweigerlich die ganze Zeit über zu hundert Prozent die Wirklichkeit erschaffen, ohne Ausnahme, und wenn wir das zur Kenntnis nehmen, und wenn wir einfach eingestehen, dass das wahr ist, so verleiht uns das von unserem Potenzial her außerordentliche Macht. Und wir sind in der Tat sogar außerordentlich mächtig.

Doch sieht die traurige Wahrheit so aus, dass die meisten von uns überwiegend glauben, wir hätten rein gar keine Macht. Und das ist die »Komponente Mensch« an der Formel: »Wir sind spirituelle Wesen, die sich der Erfahrung aussetzen, Mensch zu sein.« Der Mensch hat seine Macht vergessen. Im Grunde erkennen wir größtenteils gar nicht, dass wir die Erschaffer unserer eigenen Wirklichkeit sind. Wenn wir also Schwierigkeiten und Probleme irgendeiner Art erleben, so fühlen wir uns als Opfer, auf Gedeih und Verderb den äußeren Umständen ausgesetzt, den Launen der Götter, Trägerinnen oder Träger »schlechten Karmas«, unwürdig, Erfolg oder Glück zu erleben – die ganze Litanei. Obwohl wir als spirituelle Wesen die Urheber unserer Lebensumstände und die höchste Autorität sind, wenn es darum geht, dass die Dinge sind, wie sie sind, und warum, denken wir Menschen, wir trügen keine Verantwortung für unser eigenes Leid – obwohl wir schnell dabei sind, wenn es darum geht, uns für Dinge auf die Schulter zu klopfen, die gut laufen (in der Regel blind und ohne zu verstehen, in welchem Sinne uns wirklich die Anerkennung dafür gebührt). Die erste logische Folge davon, anzuerkennen, dass wir durch unser Bewusstsein die Wirklichkeit erschaffen, besteht also darin, anzuerkennen, dass wir Verantwortung tragen für die Wirklichkeit, die wir erschaffen, dass wir die Urheber unseres eigenen Daseins und unserer eigenen Welt sind. Wenn du gewillt bist, aufzustehen und zu sagen: »Es ist an der Zeit, aufzuwachen«, musst du Verantwortung für den ganzen Prozess übernehmen und anfangen, dich mit Dingen zu befassen, die zuvor unter den Tisch gefallen sind. Du musst dir Sachen in deinem persönlichen Leben ansehen, die du dir zuvor vielleicht nicht betrachtet hast, und du musst erkennen, dass auch die generellen Bedingungen des Lebens auf der Erde – was mit diesem Planeten geschieht und mit der menschlichen Gesellschaft – etwas sind, wofür du Verantwortung trägst. Wir haben also immense Macht – größtenteils als Potenzial, aber nichtsdestoweniger reale Macht. Und Verantwortung und Macht gehen Hand in Hand. Die Frage lautet, ob wir in der Lage sind, frei heraus auf das Podium zu treten und unsere Chance klug zu nutzen, verantwortungsvoll und auf eine Weise, die dem höchsten Wohl aller Betroffenen dient. Und mit allen »Betroffenen« meine ich alles Leben überall. Und nicht nur alles Leben, sondern das gesamte Sein.

Die Opfermentalität

Ein spirituelles Wesen zu sein, das Erfahrungen als Mensch sammelt, verträgt sich nicht mit dem, was man als »Opfermentalität« bezeichnen könnte – einem Denken, demzufolge wir keine Verantwortung übernehmen dafür, wer wir sind – dafür, welche Macht unsere Gedanken, Gefühle und Handlungen haben.

Die Opfermentalität ist nicht Neues. Sie ist nichts, was erst gestern über die Menschheit gekommen ist oder mit der modernen Welt entstand. Sie ist nicht, wie viele heute glauben, das Ergebnis unseres verlorenen Glaubens an die traditionelle Religion, oder das unserer liberalen politischen Ideen oder des Zerfalls familiärer Werte oder irgendetwas dieser Art. Die Opfermentalität ist vielmehr etwas, das uns schon seit rund dreizehntausend Jahren begleitet, seit der Verschiebung der Pole, seitdem der Kontinent Atlantis im Meer versank und das Bewusstsein des Menschengeschlechts von der ersten zur zweiten Ebene überwechselte. Ein Grundmerkmal der zweiten Bewusstseinsebene ist ein Gefühl der Trennung zwischen uns selbst und dem Rest des Seins. Wir betrachten uns als etwas, das von anderen Wesen getrennt ist, und wenn wir etwas Unangenehmes erleben, meinen wir, diese anderen Wesen hätten es »hervorgerufen«. Mit anderen Worten: Wir denken, wir seien Opfer von etwas. Dieses Gefühl des Getrenntseins bringt uns dazu zu glauben, was wir denken und was wir fühlen und was wir tun, hätte keine wirklichen Auswirkungen auf das, was außerhalb von uns selbst angesiedelt ist; dass wir nicht für unser Leben oder den Zustand dieses Planeten verantwortlich seien; dass unsere Gedanken unsere Privatsache seien und außerdem ja keine Rolle spielten, da ja ohnehin niemand wüsste, was in uns vorgeht, was wir denken oder fühlen. Das stimmt nicht. Wir erschaffen unweigerlich Wirklichkeit. Punkt. Was du denkst, spielt durchaus eine Rolle. Dies und nichts anderes erschafft die Welt. Du bist der Urheber und die Autorität im Hinblick auf dein Dasein und des Seins überhaupt.

Zurück zu unserer eigenen Autorität

In den letzten dreizehntausend Jahren haben wir, wie gesagt, unsere Macht aus der Hand gegeben, und das unter anderem dadurch, dass wir dachten, Autorität sei außerhalb von uns selbst. Autorität in welchem Sinne? Autorität in jedem Sinne: Die Autorität, zu beurteilen,

was wir tun sollten und was nicht, die Autorität, zu entscheiden, was real ist und was nicht.
In unserer aktuellen Welt ist das typischste Beispiel dafür, wie wir unsere Autorität aus der Hand geben, der Glaube, dass jeder Bereich unseres Lebens nur »Experten« verständlich sei, Leuten, die sich auf eine bestimmte Form von Wissen spezialisieren und deshalb wirklich mehr darüber wüssten, als wir jemals wissen könnten. Wir haben Fachleute im Gesundheitswesen, im Bereich Finanzen, im Verlegen von Rohrleitungen und in der Hundepflege. Der sozial »angepasste« Mensch wird keinen Schritt unternehmen, ohne sich zuerst von jemanden beraten zu lassen, der sich, wie er glaubt, besser auskennt als er selbst. Diese Mentalität des Sich-Verlassens auf Fachleute wird durch den Erfolg jener Technologie verstärkt, die das Denken der linken Gehirnhälfte hervorgebracht hat: die Fähigkeit, das Auftreten von Phänomenen in der Welt der Materie durch Hilfsmittel vorherzusagen und zu steuern, die letztlich kaum mehr sind als raffinierte Formen von List und Heimlichkeit! Nachdem wir vergessen haben, dass wir selbst die Wirklichkeit erschaffen, die wir steuern wollen, denken wir, wir müssten dies durch Überlistung tun, die Natur kräftig manipulierend, gleichsam hinter dem Rücken der Natur. In Wahrheit jedoch verhält es sich so, dass selbst die ernorm beeindruckenden Errungenschaften der zeitgenössischen Technik, deren Einzelheiten in der Tat dem Wissen und den Fähigkeiten der meisten von uns haushoch überlegen sind, den Effekt haben, dass wir uns angesichts der unglaublichen Dinge, zu denen sie uns befähigen und des unglaublichen Wissens, auf dem sie aufbauen, ohnmächtig und wie wahre Ignoranten fühlen. Das ist schon ein verrückter Widerspruch, etwas Paradoxes: Dass Dinge, die eigentlich dazu gedacht sind, uns mehr zu ermöglichen, uns de facto verkrüppeln; dass Wissen unser Gefühl des Nichtwissens verstärkt; dass das Vermögen, die Natur zu manipulieren und zu steuern, uns nur in unserer völlig falschen Vorstellung bestärkt, dass die Natur etwas anderes sei als wir selbst, etwas, über das wir von Anfang an keine Kontrolle haben, und das wir von daher zu erobern oder beherrschen oder lenken suchen. Und wenn uns die Lenkung misslingt – wenn wir krank werden oder feststellen, dass der Planet am Rande einer ökologischen Katastrophe steht – denken wir, der einzige Weg, aus diesem Chaos herauszukommen, sei noch mehr Technik. Noch mehr Spielereien für Experten. Noch mehr von unserer Macht abzugeben.

Die Wahrheit sieht so aus, dass der technische »Fortschritt« der Menschheit sich in vieler Hinsicht als verhängnisvoll erwiesen hat. Die Schritte, die wir unternehmen, um die Umwelt zu kontrollieren oder mit materiellen, technischen Mitteln unseren Gesundheitszustand zu verbessern, rufen sehr oft unvorhergesehene Nebenwirkungen hervor, die für uns größere Probleme erzeugen als die, die wir ursprünglich lösen wollten. Tagtäglich sterben Menschen in Krankenhäusern an Krankheiten, die sie sich erst dort zugezogen haben, oder sie sterben an einer Zerrüttung ihrer Gesundheit, die auf Einnahme von Medikamenten und gewaltsame therapeutische Eingriffe zurückgeht. Und wenn wir zur Erzielung der gewünschten Resultate von externer Technik Gebrauch machen, vernachlässigen wir es, in uns selbst nach Mitteln zu suchen, mit denen wir womöglich das gleiche Ziel erreichen. Es gibt keine technisch produzierbaren Wirkungen, die wir nicht auch ohne technische Hilfe erzielen könnten, wenn wir uns nur unseres vollen Potenzials bewusst wären. Jeder Zugewinn an äußerer Technologie ist von daher ein Verlust an innerlichem Vermögen. Als wir Schreiben lernten – was für einen Großteil des Menschengeschlechts dann geschah, als Thoth die Ägypter und Sumerer mit der Kunst des Schreibens bekannt machte –, büßten wir, wie schon zuvor erwähnt, enorme Teile unseres Gedächtnisses ein. Mit dem Aufkommen rascher Fortbewegungsmittel verloren wir unsere Fähigkeit, große Entfernungen zu Fuß zurückzulegen. Wir haben eine technikgestützte landwirtschaftliche Produktion entwickelt und so eine Nahrungsmittelindustrie aufgebaut, die als Big Business organisiert ist, und darüber sind wir mittlerweile völlig außer Stande, unsere eigenen Nahrungsmittel anzubauen und unsere Familie und Gemeinde zu ernähren, ohne von multinationalen Nahrungsmittelkonzernen und der globalen Wirtschaft abhängig zu sein. In all diesen Fällen haben wir dadurch, uns auf technologieversessene, die linke Gehirnhälfte betonende Ansätze zu verlassen, das Potenzial vergessen, das uns selbst innewohnt – wir haben unsere Macht aus der Hand gegeben.

Als Drunvalo deutlich wurde, worauf die Entwicklung hinauslief, dachte er zunächst, er müsste, um seinen Auftrag zu erfüllen, alle Technik ablehnen. Nachdem er jedoch mehrere Jahre auf diese Weise gearbeitet hatte, erschienen ihm seine Engel und sorgten für eine kleine Kurskorrektur. Nicht die Technik per se sei das Problem, gaben sie ihm zu verstehen, sondern die konkrete Art von Technik, die wir entwickeln sowie das gesamte Denken, das wir uns hierzu zu eigen gemacht haben. Es geht nicht darum, Technik und Technologie abzulehnen – vielmehr müssen wir innere technologische Möglichkeiten entdecken, eine Technik, bei der die Arbeit der emotionalen, der intuitiven rechten Gehirnhälfte mit integriert ist, als Ergänzung zu der intellektuell dominierten Technologie der linken Gehirnhälfte, mit der wir es heute zu tun haben. Und die Basis dieser von der rechten Gehirnhälfte gelenkten Technik ist die Erkenntnis, dass die Wirklichkeit, die wir verändern möchten, ja eine Wirklichkeit ist, die wir selbst erschaffen haben. Wir haben sozusagen das Pferd beim Schwanz aufgezäumt.

Eine andere Hinsicht, in der wir es verpassen, unsere eigene Autorität zu erkennen, unsere eigene Urheberschaft im Hinblick auf unsere Welt, ist die, dass wir das Recht, unser eigenes Tun auszuwerten und zu beurteilen, an staatliche Behörden, religiöse Lehrmeister und jene Einrichtungen delegiert haben, die uns die Medien eintrichtern. Wir glauben, dass Regeln und Interessen und Bilder, die außerhalb von uns selbst angesiedelt sind, das Verhalten und Denken und Fühlen bestimmen dürfen, das wir an den Tag legen. Wir lassen zu, dass Prediger im Radio oder Fernsehkommentatoren unser Urteil bilden. Wir lassen zu, dass die Werbung unsere Einstellungen manipuliert und Begehrlichkeiten in uns weckt und lenkt. Niemand will zugeben, dass das so ist, doch die Milliarden Dollar, die alljährlich in die Werbung gesteckt werden, sagen alles. Mit der Werbung werden nicht nur Produkte verkauft: Gleichzeitig verkauft man Bilder, die mit den Produkten in Verbindung stehen und die Bilder des Lifestyles, der es für uns wünschenswert erscheinen lässt, zu besitzen, was uns die Werbung aufschwatzen will. Hierin ist eine heimliche Logik wirksam: Du siehst ein Bild und denkst halb bewusst, das seist du selbst, oder jemand wie du, oder jemand, von dem du meinst, so solltest du auch sein. Und diese Person fährt einen bestimmten Wagen oder trinkt ein bestimmtes Bier, und deshalb musst du, um du selbst zu sein, das heißt, um wie diese Person zu sein, auch einen solchen Wagen fahren oder diese Sorte Bier trinken. Unendlich die Zahl der Bilder, die uns dargeboten werden, unendlich die Arten und Weisen, auf die wir dazu gebracht werden, zu denken, wir seien so und so. Es gibt Bilder für alle. Eine wirkliche Demokratie von Bildern. Und jedes Bild wird auf zynische Weise so manipuliert, dass du dahin kommst, ein bestimmtes Produkt oder eine bestimmte Dienstleistung zu erwerben, und jedes Mal wenn du dich halb bewusst mit einem dieser Bilder identifizierst, was es auch sein mag, gibst du deine Autorität ab, dein Vermögen, deine eigene Wirklichkeit, dein eigenes Dasein frei zu bestimmen.

Wir leben in einer Welt, in der scheinbar fortwährend von uns verlangt wird, unsere Mitte abzugeben, unsere Verfügungsgewalt über das abzugeben, was wir für wirklich und wahr halten und was wir für unser Empfinden sein und tun sollten. Tatsache ist, dass dieser Prozess der Aufgabe von alldem tatsächlich der Wirklichkeit entspricht, wenn auch nicht der unserer letztgültigen Natur, sondern der Wirklichkeit der Dimension, in der wir leben. Um von einem Bild vereinnahmt werden zu können, das in einer Werbekampagne präsentiert wird, müssen wir auf einer Ebene leben, wo wir für eine derartige Manipulation anfällig sind. Wir müssen regelrecht tiefsitzende Zweifel an unserer Fähigkeit hegen, eigenständig zu entscheiden, was richtig und was falsch ist, was wünschenswert ist und was nicht, was wahr ist und was falsch. Wir fragen uns, wer wir denn sind, dass wir uns erlauben, so etwas festzulegen. Wir haben keine sonderlich ausgeprägte Vorstellung davon, wer wir sind, also wollen wir zu dem werden, was man uns vorführt. Wir möchten dem Bild entsprechen, das etwas bietet, das uns für unser Empfinden fehlt.

Alles das hat seine Auswirkungen auf unsere Beziehung zur spirituellen Wirklichkeit. Wenn wir uns auch nur für einen Moment vorstellen, dass der göttliche Geist, der uns beseelt, real ist, so denken wir automatisch, dass er sich grundlegend von uns selbst unterscheiden muss; er muss etwas sein, was mit der Mitte unseres Seins nichts zu tun hat, so etwas wie ein Bild, und so versuchen wir, einem bestimmten Bild zu entsprechen, das sich damit deckt, wie ein spiritueller Mensch unserer Auffassung nach sein könnte. Dieses Bild braucht nicht unbedingt aus der Werbung zu stammen. Meist gelangen wir durch herkömmliche religiöse Lehren dazu. Wenn wir in einem konventionellen religiösen Umfeld aufwachsen, und sei es nur, dass wir durch eine Art Osmose die allgemeinen religiösen Vorstellungen unseres Kulturkreises in uns aufgesogen haben, so mögen wir glauben, wenn wir die Regeln einhalten, »Autorität« respektieren und an Gott glauben, dann werden wir nach unserem Tod vielleicht für all unser Leiden und all unsere Kämpfe belohnt, und die ganze Ungerechtigkeit, die wir im Leben wahrnehmen, wird wieder wett gemacht werden. In seltenen Momenten keimt vielleicht eine flüchtige Ahnung um etwas Jenseitiges in uns auf. Vielleicht bringt uns etwas dazu, an eine »spirituelle Wirklichkeit« zu glauben und das Gefühl zu entwickeln, dass am Dasein wohl mehr sein müsste als die physische Welt und ihre offenkundigen Beschränkungen. Aber irgendwie denken wir, diese spirituelle Wirklichkeit sei, genau wie die materielle Wirklichkeit, etwas außerhalb unseres Kerns, quasi eine Beigabe zur Welt oder über die Welt hinausgehend, oder sie habe eine Art magischer Präsenz, so dass sie auf mysteriöse Weise mal hier, mal dort auftaucht, keiner weiß warum, um den »Naturgesetzen« zu trotzen und Wunder hervorzubringen. Und wenn wir tatsächlich Zeugen eines dieser sogenannten Wunder werden, wenn wir ein außerordentliches Phänomen erfahren, wenn ein Traum Wirklichkeit wird, wir eine Vision erleben oder ein momentanes Gefühl der erlebten Sinnhaftigkeit und Erhebung bei der Zwiesprache mit der Natur, der Betrachtung eines Kunstwerks oder in einem Zustand der Meditation, haben wir dennoch das Gefühl, wir seien noch immer lediglich ganz normale Menschen, nur dass wir jetzt ein »spirituelles Erlebnis« gehabt hätten. Weit gefehlt. Wir sind von Anfang an spirituelle Wesen!

Die Unterscheidung, auf die ich hinaus will, ist also die, dass wir uns aufgrund der Wirklichkeit, die wir ahnungslos für uns selbst geschaffen haben, selbst als machtlose Opfer von Kräften sehen, die sich unserer Kontrolle entziehen, ohne jede Verfügungsgewalt über unser Leben, und dass uns deshalb der Zugang zu unserem wahren Potenzial versperrt ist. Und wenn wir dann per Zufall doch einmal einen flüchtigen Blick auf unsere wahre Natur erhaschen, wenn wir gelegentlich ein spirituelles Erlebnis haben, so neigen wir dazu, uns als nicht gut genug und unserer Aufgabe nicht gewachsen zu sehen. Wir möchten dieser Sache mit der spirituellen Wirklichkeit vielleicht noch eingehender auf den Grund gehen, was dazu führen mag, dass wir Bücher dazu lesen, Workshops mitmachen und alle erdenklichen Methoden ausprobieren, die uns weiterhelfen sollen, aber wenn es darauf hinausläuft, sich tatsächlich das zu eigen zu machen, worum es in diesen Lehren überhaupt geht, trauen wir uns nicht so recht. Und ich denke, viele Menschen kommen mit solchen Gedanken im Hinterkopf zu dem, was man als die »Selbstverbesserungsbewegung« bezeichnen könnte, oder »New-Age Spiritualität«, oder welche Namen man dem Ganzen auch geben mag. Wir erwerben diese ganzen Bücher, besuchen einen Workshop nach dem anderen in dem Glauben, gleich hinter der nächsten Ecke warte das wahre Verständnis, und in der Hoffnung, in der Gegenwart des »angesagtesten« Gurus, oder wenn wir die neueste Meditationstechnik beherrschen oder den neuesten »Trip« mitmachten, würde das auf magische Weise einen Menschen aus uns machen, der gut genug dafür sein würde, endlich eine gewisse Erkenntnis zu erlangen. In Wahrheit jedoch verhält es sich so, dass es nichts zu verstehen gibt, was nicht von Anfang an Bestandteil unserer innersten Natur ist. Die einzige Reise, die es wert ist, von uns unternommen zu werden, ist die, die uns dorthin führt, wo wir bereits sind.

Heilige Geometrie

Es ist ja alles schön und gut, wenn ich euch hier sage, dass ihr selbst bereits spirituelle Wesen seid. Das Problem besteht darin, wie ihr das wissen und spüren könnt – und zwar nicht, weil ich sage, dass es so ist, sondern weil ihr aus eurem innersten Sein heraus wisst, dass es zutrifft. Nun ist ja alles, was der Geist weiß und alles, was euer Herz spürt, eine Form des Seins; wenn ich euch also helfen kann, zu verstehen, was es mit dem »Sein« auf sich hat und seine Bedeutung zu spüren, dann bin ich schon ein gutes Stück weiter gekommen. Und was ich zu sagen habe, ist zunächst einmal, dass dieses Sein eine perfekte Einheit ist und dass ihr selbst nicht nur ein Wesen seid, sondern von eurer Wurzel her das Sein schlechthin! Das verlangt nach einer Erklärung.

In meinem ersten Buch, *Zurück in unsere Zukunft* verwende ich viele Worte darauf, zu erklären, was ich von Drunvalo über heilige Geometrie gelernt habe. Der Punkt dabei war der, zu zeigen, dass alles – und damit meine ich auch wirklich alles – ihr könnt es ruhig unterstreichen – also ausnahmslos alles, wie sich zeigen lässt, sich uns in einem einzigen Bild präsentiert. Und hier soll nicht von einem Bild im äußerlichen Sinne die Rede sein – einem Bild bestimmter Lebensstile, wie in den Medien dargestellt, von denen ich gerade noch sprach – sondern von einem inneren Bild: Einer Struktur, die dem Form verleiht, was wir von innen sind, und was sich symbolisch über ein Bild darstellen lässt, das wir sehen können. In *Zurück in unsere Zukunft* verwendete ich die Sprache der heiligen Geometrie, um dieses Bild, diese Struktur zu demonstrieren. Physiker oder Mathematiker sagen uns, dass die Zahl die Struktur hinter aller Wirklichkeit ist, aber was noch wahrer scheint, ist, dass hinter der Wirklichkeit eher die Form und die Gesetze der Form zu suchen sind, die die heilige Geometrie ausdrückt. Und dazu gehören auch wir selbst – unser Geist und unser Körper. Alles Sichtbare leitet sich aus einer einzigen geometrischen Form her. Der Gedanke war der, dass unser Geist dann, wenn wir sehen könnten, dass alles einschließlich unserer selbst aus diesem Bild hervorgeht, in der Lage wäre, die Einheit allen Seins und die Tatsache, dass wir identisch hiermit sind, zu begreifen. Unser Herz könnte sie spüren. Auf der zweiten Bewusstseinsebene sehen wir diese Einheit nicht, wir spüren diese Übereinstimmung nicht. Wir sehen an jedem Punkt Trennung, Teilung, Unterscheidung. Wir erschaffen eine Wirklichkeit, in der Einheit etwas sehr Fernliegendes, nahezu Unverständliches ist. Wir verstehen kaum, was es mit der Einheit allen Seins auf sich hat, geschweige denn, dass wir selbst ein Ausdruck dieser Einheit sind, und – mehr noch als das – in unserer innersten Essenz sie selbst. Ich möchte nun also etwas eingehender schildern, was die Einheit allen Seins wirklich bedeutet, was die Heilige Geometrie und die *Blume des Lebens* symbolisieren.

Die Einheit allen Seins

Was meine ich mit der »Einheit allen Seins«? Zunächst einmal meine ich damit, dass das gesamte Dasein – alles, was in irgendeiner Weise existiert, alles, was auf jeder Dimension existiert – Teil eines einzigen, vollkommenen Ganzen ist. Alles, was je von einem Menschen oder irgendeinem Wesen welcher Art auch immer gesehen, gefühlt, erfahren, geträumt oder vorgestellt wurde, gehört dazu. Nichts bleibt ausgespart. Selbst rein irreale oder vorgestellte Dinge existieren so wie vorgestellt. Auf eine gewisse Weise ist es offensichtlich: Alles, was existiert oder je existiert hat oder je existieren wird – existiert! Es klingt beinahe albern oder trivial oder, um einen Begriff aus der Logik zu verwenden, wie eine Tautologie. Aber es hat weitreichende Auswirkungen; es ist überhaupt nicht albern oder trivial. Es bedeutet, dass es absolut gar nichts gibt, was aus dem Dasein ausgeklammert ist. So etwas wie ein »Nicht-Sein« gibt es nicht. Es gibt keine »Nicht-Entitäten«. Es besteht keine Möglichkeit einer letztendlichen Getrenntheit, keine Möglichkeit, am Ende fallengelassen zu werden oder verloren zu gehen oder aus der Gesamtheit der Totalität des Seins ausgeschlossen zu bleiben.
Wir werden sehen, dass es de facto noch wesentlich Außergewöhnlicheres bedeutet, denn letztendlich besagt »die Einheit allen Seins«, dass wir selbst, jeder und jede von uns, genau so, wie wir bereits sind, das Sein selbst sind. Es mag etwas erstaunlich klingen. Und das ist es

in der Tat ja auch! Es ist das tiefgründigste Mysterium und die erstaunlichste Wahrheit im gesamten – Sein! Doch die letztendliche Verheißung aller großen Weltreligionen und auch die Hoffnungen unserer eigenen modernen wissenschaftlichen Kultur sind nicht weniger erstaunlich. Ich meine die Vorstellung von der Unsterblichkeit der Seele in den westlichen Religionen, die der Möglichkeit der spirituellen Befreiung in den asiatischen Glaubensrichtungen, und von der Beherrschung der physischen Natur in der modernen Wissenschaft. Dass all diese Dinge möglich sind, muss jedoch aus dem hervorgehen, was am Ende wahr ist, aus der Wahrheit des Seins selbst, denn nichts ist möglich außer dem, was in einem gewissen Sinne in der höchsten Natur der Wirklichkeit geschrieben steht. Und die höchste Natur der Wirklichkeit ist das Sein selbst.

Tatsache ist nun, dass die Einheit allen Seins auf eine relativ verschleierte Weise in allen großen Religionen der Welt ein Hauptthema gewesen ist, wenn auch in jeweils leicht unterschiedlicher Form. Ebenfalls wahr ist, dass jede Religion eine mehr oder weniger geheime Tradition aufweist, bei der religiöse Riten eingehalten werden mit dem Ziel der Einswerdung mit Gott oder der höchsten Wirklichkeit. Geheim gehalten wurde diese Sicht deshalb häufig, weil sie schwer zu verstehen ist und allzu leicht missbraucht werden kann. Denn wenn ich eins werde mit dem Ursprung aller Dinge, so kann die herkömmliche Religion mit ihrem autoritären Gebaren, ihren Kirchen und Priestern und Gurus und sonstigen Führern keine Macht mehr über mich haben. Ich entdecke in mir selbst die Autorität über mein eigenes Dasein. Doch trotz dieser Bedrohung religiöser Autorität haben die organisierten Religionen, wenn auch auf obskure Art und Weise, die Einheit allen Seins verkündet.

Der Einheitsgedanke in den überlieferten Religionen

Jede der drei großen Religionen des Abendlands proklamiert den Glauben an den *Einen Gott*. Jede Religion hat ihre eigenes Gedankengut doch immer wieder läuft dieses auf eine Verkündigung der Einheit hinaus. Im heiligsten und am meisten verehrten Spruch des Judentums, dem »Shmah«, heißt es: »Höre, o Israel, Gott der Herr – der Herr ist eines.« Der unaussprechliche hebräische Name für Gott, YHVH, bedeutet tatsächlich »der, der ist, der war und der sein wird«. YHWH ist das Sein. Deshalb ist das Sein eines. Für die Muslime ist ihr

Glauben an Allah in dem Spruch verkörpert: »Es gibt keinen Gott außer GOTT.« Und der erste Artikel im nizäischen Glaubensbekenntnis des Christentums lautet »Credo in Unam Deum« – »Ich glaube an den einen Gott.«

Die östlichen Glaubensrichtungen – Hinduismus, Buddhismus, Taoismus – die für die Einheit allen Seins tendenziell nicht das Symbol eines persönlichen Gottes wählen, basieren nichtsdestoweniger jeweils auf ihre Weise auf einem Prinzip der Einheit. Im Hinduismus ist die Welt von zahllosen Gottheiten erfüllt, die ein unglaublich komplexes Netz von Mythen und Legenden und familiärer und Stammesbeziehungen verbindet. Doch werden all diese Götter und Helden, ebenso wie menschliche Wesen und Tiere, als Spiegel »Brahmans« verstanden, des einen, großen Ozeans des Bewusstseins, bestehend aus Sein, Bewusstsein und Glückseligkeit. Und im Buddhismus gelten zwar alle Wesen als »leer« beziehungsweise als ohne ein letztendliches Selbst, doch ist diese Leere nicht das Nichts. In ihr drückt sich die tiefgründige Wahrheit aus, dass alle scheinbar voneinander getrennten und singulären Dinge komplett miteinander verflochten sind und in ihrer Existenz nicht nur voneinander, sondern vom gesamten Geflecht der Wirklichkeit abhängen. Selbst für die Buddhisten ist alles Sein eins.

Die chinesischen Taoisten stellen sich die eine Wirklichkeit als das Große Tao vor, den unermesslichen Weg oder die Straße, die alle Dinge entsprechend ihrer inneren Natur leitet und dabei alles in zwei sich stets ergänzende und voneinander abhängige Neigungen untergliedert, in Yin und Yang. Die manifeste Welt zeigt sich in Gegensatzpaaren – dunkel und hell, aggressiv und nachgiebig, aktiv und passiv –, doch diese Paare wirken stets vereint zusammen. Dazu kommen noch die Stammeskulturen auf der ganzen Welt, die allesamt auf ihre eigene Art und Weise Glaubensvorstellungen aufweisen, die ein Empfinden für die Einheit zeigen: Wir haben den Großen Geist der nordamerikanischen Indianer, oder die Welt der Traumzeit bei den australischen Aborigines.

Der Einheitsgedanke in Griechenland und Ägypten

Vielleicht die umfassendste und radikalste Sichtweise der Einheit allen Seins fand sich bei Parmenides von Elea, einem Heiler, Gesetzgeber, Dichter, Visionär und Philosophen der griechischen Antike. Parmenides lehrte nicht nur, dass alle Wirklichkeit eins ist, sondern dazu

auch noch, dass nichts außer dem Sein selbst überhaupt wirklich IST. Alles »andere« ist bloßer Schein, und dennoch besteht immer eine Verbindung zwischen dem, was bloß zu existieren scheint und dem, was wirklich existiert, da alles, was in Erscheinung tritt, zu existieren scheint. (Über diesen Ausspruch, dass alles, was in Erscheinung tritt, jedenfalls zu existieren scheint, gibt es noch viel mehr zu sagen. Es ist der Schlüssel dazu, wie Dinge als voneinander getrennt erscheinen können und dennoch de facto eins sind.) Alles, was wir uns als existent vorstellen – materielle Objekte, Personen, Gedanken oder Götter –, ist ein Ausdruck des Seins und im Grunde nichts als das Sein selbst.
Vor Parmenides (der im sechsten Jahrhundert vor Christus lebte) bemühten sich noch weitere griechische Denker, zu einem Konzept im Hinblick auf die Einheit allen Seins zu gelangen, wobei ein Denker behauptete, alles sei wie Wasser, ein anderer, alles sei wie Erde, ein dritter, alles sei in Bewegung oder im Wandel begriffen, und wieder ein anderer, alles bestünde in Zahlen. Parmenides jedoch scheint die letztgültige Entdeckung gemacht zu haben: Dass das einende Band der Wirklichkeit nicht darin besteht, wie irgendeines dieser Dinge zu sein, sondern in der Tatsache des Seins an sich.
All diese Bemühungen der Religionen und Philosophen, die Einheit allen Seins zum Ausdruck zu bringen, verdanken ihre Erkenntnisse eigentlich einer halb verblassten Erinnerung an die Doktrin, die der große häretische ägyptische Pharao Echnaton lehrte. Echnaton kam im Jahre 1355 v. Chr. nach Ägypten und machte die Ägypter innerhalb eines Zeitraums von siebzehneinhalb Jahren mit einem vollkommen neuen Denken bekannt. Bis dahin (und sie taten es de facto auch noch nach Echnatons kurzer Regentschaft) hatten diese an eine Vielzahl von Göttern geglaubt, an viele unterschiedliche Arten von Wirklichkeit. Es war Echnaton, der den Gedanken einführte, dass es nur einen Gott gäbe und dass dieses Wesen letztlich die Einheit aller Dinge sei. Echnaton kam nach Ägypten, um eine Mission zu erfüllen. Man muss wissen, dass er Sirianer war. Er war von unserem Begleitgestirn Sirius gekommen – Teil des kosmischen Plans, die höhere Bewusstseinsebene wieder einzuführen, die den Bewohnern dieses Planeten seit dem Untergang von Atlantis vor mehr als zehntausend Jahren verloren gegangen war, und die Wiederherstellung des beschädigten Energiegitters, das die Erde umgab und durchzog, zu beschleunigen. Kennzeichnend für diese höhere Bewusstseinsebene war tatsächlich das

Gewahrsein der Einheit allen Seins. Und der einzige Zweck der von Echnaton ins Leben gerufenen Mysterienschule war die Wiedereinführung dieser Einheit allen Seins, sozusagen neue Saat auszusäen auf dem Planeten – diese Vision der Wahrheit – und die Erde schließlich zur nächsten Bewusstseinsebene zu führen. Genauer gesagt, bestand seine Mission darin, die Vorstellung von der Einheit allen Seins wieder in die Akasha-Chronik aufzunehmen, und als Symbol für diese Einheit verwendete er die Sonne. Er wusste, dass all das nach seiner Regierungszeit in Vergessenheit geraten würde, aber das spielte keine Rolle. Die Vorstellung, und von daher die Möglichkeit der Einheit allen Seins war wieder hergestellt.

Was an Parmenides wirklich auffällt, ist, dass er lehrte, dass das höchste Sein für sich genommen wie eine riesige und leuchtende »wohl gerundete Kugel« sei, unteilbar, ohne interne Unterschiede oder Makel, ewig, zeitlos, ganz. Es hatte weder Anfang noch Ende, denn wie konnte das Sein zu einem bestimmten Zeitpunkt angefangen haben, nicht aber zu einem anderen, wo es doch schließlich alle Zeit in sich barg und selbst vollkommen zeitlos war? Und in ihm würde es keine von anderen abgrenzbare Vergangenheit oder Zukunft geben, da es ganz jetzt war. Dieses Bild von der perfekten Kugel taucht übrigens in den meisten der von mir erwähnten großen Religionen auf – als hochgradig reine Vision und Symbol für die eine Wirklichkeit. Und diese Vorstellung von einer perfekten, zeitlosen, höchsten Wirklichkeit schwebte immer erhaben, fern, atemberaubend grandios und herrlich jenseits der Konflikte und Unterschiede des gewöhnlichen in Erscheinung tretenden Daseins. »Das Eine bleibt, die Vielen ändern sich, vergehen/... Wie eine Glaskuppel in vielen Farben/ So färbt das Leben den weißen Glanz der Ewigkeit«, schreibt Shelley, ein englischer Dichter der Romantik.

Nun betrachteten sich die Griechen der Antike von den tiefsten Wurzeln ihrer Traditionen her immer als Erben und Schüler der alten Ägypter. Besonders galt dies für ihre eigenen Überlieferungen im Hinblick auf heilige Geometrie, von der sie Gebrauch machten, um ihre Tempel zu errichten, in ihrer Kunst eine Anmutung der heiteren Gelassenheit und der unvergänglichen Harmonie hervorzurufen und ein Ideal für ihre erhabensten Gedanken zu schaffen. Und letztlich lässt sich die gesamte heilige Geometrie als Meditation auf die Einheit allen Seins durch Analyse der großen symbolischen Kugel verstehen.

Die Vielen und das Eine: Die Merkaba

Den Melchizedeks zufolge drückt sich die Einheit allen Seins im Einzelnen in einer Figur aus der heiligen Geometrie aus, die man auch unter der Bezeichnung »*Blume des Lebens*« kennt, und diese Figur wiederum basiert auf der Kugel. Die Einheit allen Seins kommt in jedem und jeder von uns im Vorhandensein eines energetischen Schutzfelds zum Ausdruck, *Merkaba* genannt, das unseren physischen Körper umfängt und umgibt. Die *Merkaba* basiert auf einem sternförmigen Tetraeder, der in eine Kugel eingeschrieben ist (*Abb. I-1*), und diese wiederum lässt sich aus der *Blume des Lebens* herleiten (*Abb. I-2*). Wie ihr Aufbau mit der heiligen Geometrie zusammenhängt, wird in *Zurück in unsere Zukunft* beschrieben. Tatsache ist, dass alles über eine eigene *Merkaba* verfügt, ein eigenes Raum-Zeit-Gefährt, das seine tiefe Verbindung zur Einheit allen Seins darstellt. Die *Merkaba* fungiert als eine Art Zwischeninstanz, die eine Verbindung herstellt zwischen der individuellen Erscheinung der Dinge und der Tatsache, dass diese ihrer innersten Wirklichkeit zufolge das höchste Sein selbst sind.

Die Welt als solche besteht, wie Parmenides sagt, auf der Ebene einer jeden Dimension aus Dingen, die »zu existieren scheinen«: Bäumen und Steinen und Schildkröten und Autos und Planeten und Meeren und Gedanken und Mikroben und Knochen und Restaurants und Kontinenten und Nationen und multinationalen Unternehmen, der »heimlichen Strippenzieher«, dir und mir. Alles wirkt so, als hätte es sein eigenständiges, losgelöstes Dasein, seine Begrenzungen oder festen Umrisse, die es von allem anderen trennen und zu ihm selbst machen. Dabei ist es aber nur dadurch es selbst, dass es sich von allen anderen unterscheidet. Selbst in seiner Getrenntheit von anderen ist es von diesen abhängig, abhängig von dem System der Unterschiede, das das Ganze entstehen lässt. Als Individuum jedoch ist es Ausdruck des Prinzips der Einheit und Individualität, die mit zu diesem Ganzen gehört. Alles, was in Erscheinung tritt, ist von daher »eines«, sowohl von daher, dass es scheinbar von allem anderen abzugrenzen ist, als auch dahingehend, dass es ja in der Tat die eine Wirklichkeit spiegelt. In der bloßen Tatsache, dass es als einzelne Dinge zu existieren scheint, spiegelt es die Einheit allen Seins und bringt diese zum Ausdruck. Es gibt einen alten Spruch, der da lautet: »Das Eine bringt Eines hervor.« Die Einheit allen Seins drückt sich darin aus, viele scheinbar einzigartige Wesen hervorzubringen.

Abb. 1 - 1 Ein Sternentetrateder

Ich hebe immer wieder Parmenides' Ausdruck von den »scheinbaren Wesen« hervor, da die äußere Begrenzung oder Kontur einer jeden einzelnen Entität nur scheinbar real ist. In Wahrheit ist jede Entität im Universum, ganz wie die Buddhisten es glauben, im Hinblick auf ihre Existenz vollkommen abhängig von allen anderen Entitäten. Es gibt keine wirkliche Trennung. Wenn wir das Bewusstseinsniveau erreichen, auf dem wir mit unserem Geist die Einheit allen Seins wahrnehmen und sie mit unserem Herzen spüren können, werden wir wissen und spüren, dass es sich tatsächlich so verhält. Die Gesamtheit allen Seins ist so fein ausgewogen, dass jede Veränderung Auswirkungen auf das Ganze hat, und deshalb beeinflusst jede Veränderung alles andere. Und jedes einzelne Ding, was existiert, wird von dem Bewusstsein anderer Wesen getragen, die es als dieses spezielle Ding im Dasein halten.
Nun ist das Bewusstsein selbst ein Ausdruck der Einheit allen Seins. Das Sein selbst ist im Grunde reines Gewahrsein, reiner Geist. Diese riesige, kristalline, leuchtende Kugel ist ein Bild für das reine

Bewusstsein – das Bewusstsein, wie es innerlich beschaffen ist, unbefleckt von Dingen, derer es gewahr zu sein heißt. Es ist sich seiner selbst ganz gewahr, seiner eigenen perfekten Natur. Doch eben diese Tatsache – dass es seiner selbst gewahr ist – ist das Prinzip, nach dem wir selbst mit unserem Bewusstsein die vielen Dinge erschaffen, die wir in der Welt erfahren. In jedem Augenblick erschaffen wir das Ganze, indem wir uns Dinge vorstellen, eines nach dem anderen.

Nun wird klar, was ich damit meine, wenn ich sage, dass eigentlich das Bewusstsein die Wirklichkeit erschafft. Ich meine einfach Folgendes: Dass unser Geist die Konturen, die Grenzen, die Identität der Dinge erzeugt, derer wir gewahr sind. Und jedes Mal, wenn das der Fall ist, setzen wir eigentlich eine Ausdrucksform der einen Wirklichkeit in Szene und wahren noch in dieser Erzeugung von Vielfalt die Einheit allen Seins.

Die Blume des Lebens

Das höchste Symbol für die Einheit allen Seins ist eine perfekte, makellose Kugel. Ihr entspricht in der heiligen Geometrie, die man überall im Universum kennt, die *Blume des Lebens* als Symbol für das Vermögen des höchsten Seins, eine Vielzahl in Erscheinung tretender Dinge hervorzubringen. In *Zurück in unsere Zukunft* gehe ich ausführlicher auf die Struktur der *Blume des Lebens* (Abb. 1-2) ein, hier werde ich also nur wiederholen, dass es sich um eine Figur handelt, die neunzehn Kreise gleichen Durchmessers enthält, und dass diese Kreise sich so überschneiden, dass die Konturlinie eines jedes Kreises jeweils durch die Mitte seiner Nachbarkreise führt. Diese Kreise sind alle in einen einzigen Kreis eingebettet, so dass sich die gesamte Struktur von diesem Kreis herleitet. Alle Figuren aus der heiligen Geometrie – die so genannten platonischen Festkörper (Abb. 1-3), der so genannte Lebensbaum aus der Kabbala, die Relationen und Proportionen nach der Fibonacci-Sequenz und dem Goldenen Schnitt, mit deren Hilfe sich die Grundstrukturen allen Lebens und des Bewusstseins verstehen lassen – all diese Dinge lassen sich einfach und elegant über geometrische Operationen an der Blume des Lebens ableiten. Wer sich dafür interessiert, zu sehen, wie das funktioniert, dem empfehle ich wärmstens, in *Zurück in unsere Zukunft* nachzuschlagen und mit Zirkel und Lineal eigene Versuche anzustellen, durch eigenes Zeichnen der dort beschriebenen Figuren.

Abb. 1 - 2 Die Blume des Lebens

Für unsere jetzigen Zwecke geht es um eine bestimmte Figur, die sich aus der *Blume des Lebens* herleitet (obwohl wir später auch noch auf den kabbalistischen Baum des Lebens eingehen werden): Die Figur, die ich oben erwähnte und die unter dem Namen »*Merkaba*« bekannt ist. Der Schlüssel zur *Merkaba* als geometrischer Form ist das sternförmige Tetraeder – zwei ineinander geschobene Tetraeder, die in eine Kugel eingebettet sind. Ein Tetraeder ist eine vierseitige Pyramide. Diese Tetraeder schiebt man ineinander und platziert sie so in einer Kugel, dass ihre Spitzen den Umfang der Kugel berühren, und so erhält man etwas, das wie ein dreidimensionaler Davidsstern aussieht. Diese Figur ist, die Form der Einheit allen Seins, aus der Perspektive, die vielen scheinbaren Entitäten auf der Welt erschaffen zu können. Erreicht man das Christusbewusstsein – die Dimension, auf der man die Einheit allen Seins unmittelbar als Wahrheit erfährt, und nicht nur rein intellektuell versteht –, so wird man imstande sein, zu sehen und zu spüren, wie tatsächlich jedes individuelle Ding im Universum seine eigene *Merkaba* hat.

An dieser Stelle muss ich sagen, dass es mit dieser Figur noch ein wenig

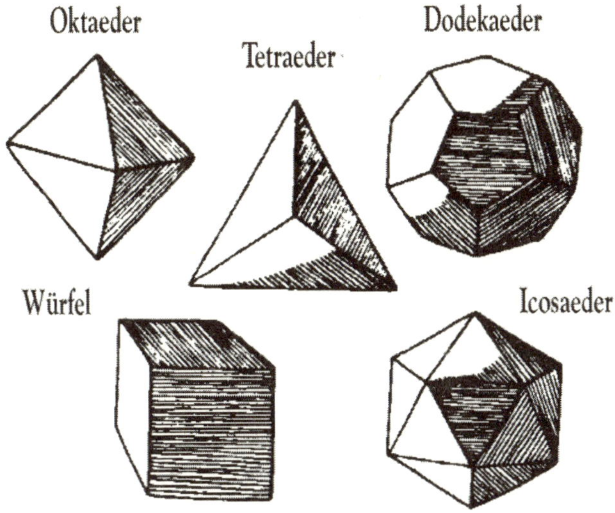

Abb. 1 - 3 Die fünf platonischen Körper

mehr auf sich hat, was ich beschreiben sollte, bevor wir uns ansehen können, wie und auf welche Weise alles seine eigene *Merkaba* hat. Durch das Zentrum des sternförmigen Tetraeders verläuft von der Spitze der nach oben weisenden Pyramide bis zur Unterseite der Pyramide, die nach unten zeigt, ein zentraler Kanal, eine Röhre, die von oben und unten unablässig Prana, Energie, empfängt. Dieser konstante Fluss stellt auf energetischer Ebene die Verbindung zwischen einem jeden Ding und der Einheit allen Seins her. Meistern wir diese in *Zurück in unsere Zukunft* beschriebene und in *Die Wurzeln der Zukunft* wiederholte Übung, die der Bewusstmachung unserer eigenen *Merkaba* dient, so erleben wir zwei immense Kraftfelder, die gegenläufig rotieren. Ihr Zentrum ist an der Basis unserer Wirbelsäule angesiedelt und dehnt sich im physischen Raum etwa siebzehn Meter weit um unserem Körper aus. Dieses gegenläufig rotierende Kraftfeld ist unser *Merkaba-Energiefeld*. Jeder Planet und jede Galaxie, ja sogar jedes klar von anderem abzugrenzende Objekt, das je einer wahrgenommen hat, hat, wenn man mit dem subtilen Blick eines Gewahrseins höherer Dimensionen hinsieht, ein *Merkaba-Energiefeld*, das seine Verbindung mit der Einheit

allen Seins darstellt und als Kanal zu jener unbegrenzten Energie fungiert, die zum höchsten Sein selbst gehört.
Da nun letzten Endes das höchste Sein als solches einzigartig ist, gibt es in Wirklichkeit nur eine *Merkaba*, nur ein Energiefeld. Wenn man sich also seiner *Merkaba* oder der Energiefelder um andere Objekte bewusst wird, so ist man sich in diesem Moment eigentlich der Einheit allen Seins bewusst. An diesem Punkt kann man die grenzenlose Kraft des höchsten Seins empfangen, da man keinen Unterschied mehr zwischen sich selbst und dem Sein erlebt. Du bist dann nicht ein Wesen, sondern das Sein als solches. Du hast nicht Einheit, sondern du bist Einheit. Denn zu sein und eins zu sein, sagt Aristoteles, ist dasselbe.

Das Universum als Hologramm

Die zeitgenössische Physik, wenn auch ein Produkt materialistischen und ausschließlich die linke Gehirnhälfte einsetzenden Denkens, bietet oft sehr interessante Einblicke in bestimmte Aspekte der Wirklichkeit. Gehen wir an diese Erkenntnisse entsprechend heran, so können sie uns helfen, unsere eigene, stärker intuitive Herangehensweise zu entwickeln. Von Zeit zu Zeit bringe ich Vorstellungen aus der Wissenschaft ein, und zwar nicht deshalb, weil ich denke, dass diese ein maßgeblichen Bild der Wirklichkeit darstellen, aber sie können uns behilflich sein. Wahr ist auch, dass ihr Vorhandensein in unserer Kultur anzeigt, dass in gewissem Sinne Vorstellungen aus der Wirklichkeit einer höheren Dimension unsere Welt zu durchdringen beginnen. Ein Gebiet der Physik, das uns beispielsweise helfen kann, die Einheit allen Seins etwas mehr zu begreifen, ist die wissenschaftliche Beschäftigung mit Hologrammen.
Ein Hologramm ist eine Art von fotografischem Abbild, das viel mehr Informationen enthält als eine gewöhnliche Fotografie: Es kann ein Objekt als solides Ganzes präsentieren, so dass man dann, wenn man unterschiedliche Blickwinkel einnimmt, verschiedene Seiten davon zu Gesicht bekommt. Bei einem beweglichen Hologramm kann es sich um eine Nachbildung eines lebenden Wesens handeln, oder man lässt einen Raum oder eine Szene entstehen, in der man umhergehen kann, als wäre der Ort tatsächlich vorhanden. Im Prinzip kann ein Hologramm die visuellen Eigenschaften von jedem beliebigen Gegenstand nachbilden. Wie das kommt? Weil das, von dem wir meinen, es sei wirklich »dort« in einem »echten« Raum oder einer »echten« Szene,

eigentlich das Vorhandensein bestimmter Konfigurationen von »Informationen« darstellt, die Erscheinungsbilder hervorrufen, die wir als diesen Raum oder diese Szene erleben. Man reproduziere die Information, und schon hat man das Erscheinungsbild reproduziert. So gelingt es übrigens Computern, »virtuelle Realität« entstehen zu lassen.

Das Hologramm selbst enthält nicht nur einfach ein Abbild des Objekts, das in ihm zu sehen ist, wie ein Fotonegativ ein Abbild enthält. Vielmehr ist die Information im gesamten Hologramm gleichzeitig einkodiert. Aus einem winzigen Bruchteil des Hologramms lässt sich das gesamte Bild wieder erschaffen. Bricht man das Hologramm in zwei Hälften, so verliert man nicht die Hälfte des Bildes, sondern dieses bleibt weiterhin komplett.

In den achtziger Jahren begannen sich der Hirnphysiologe Karl Pribram und der Physiker David Bohm Gedanken über den menschlichen Geist einerseits und das Universum andererseits zu machen und kamen zu dem Schluss, dass dieser wie die Hologramme beschaffen sei. Karl Pribram entdeckte, dass Erinnerungen, die als Informationen im menschlichen Gehirn gespeichert sind, offenbar nicht an bestimmten Stellen eingelagert werden, sondern verteilt scheinen – wie die Informationen in einem Hologramm. In bestimmten Fällen sind, wenn ein Teil des Gehirns bei einem Unfall oder durch einen chirurgischen Eingriff zerstört wird, andere Teile des Gehirns in der Lage, dies zu kompensieren und die fehlenden Informationen wiederherzustellen. Information ist »non-lokal« gespeichert. Alle Informationen lagern im gesamten Gehirn. Es ist so, als wären die Informationen auf eine bestimmte Weise realer als das physische Medium, das sie enthält; als wären wir im Grunde überhaupt nicht unser physischer Körper, sondern die Informationen, die beschreiben, wie unser Körper erscheint. Und was auf unseren physischen Körper zutrifft, kann auch auf das gesamte materielle Universum als Ganzes zutreffen, denn für das Phänomen der Non-Lokalität im Gehirn existiert ein entsprechendes Phänomen auf umfassenderer Ebene, im gesamten Universum, wobei eine bemerkenswerte Übereinstimmung zwischen dem menschlichen Organ auffällt, das mit Wissen in Verbindung steht, und dem, worüber das Gehirn über Wissen besitzt: dem Universum selbst. In der Quantenphysik stellt sich, so David Bohm, heraus, dass jene Informationen, die beim wechselseitigen Aufeinandereinwirken subatomarer Teilchen – Elektronen, Protonen, Neutronen und Unmengen ande-

rer Partikel, die die Physiker mittlerweile kennen – eine Rolle spielen, nicht nur in den Teilchen selbst enthalten sind, sondern auf eine mysteriöse, aber exakt berechenbare Weise in allen Punkten im Raum. Mit anderen Worten, die Informationen des Universums sind nicht »lokaler« Art, sie sind nicht auf den bestimmten Ort beschränkt, an dem ein Ereignis eintritt. Man kann eine Ahnung hiervon bekommen, wenn man sich überlegt, wie das Bild eines Gegenstands oder eine Szene in einem Lichtstrahl enthalten ist. Trifft Licht auf einen Hasen, der gerade über das Feld hoppelt, so wird die Information, die das Bild dieses Hasen letztlich darstellt, quer durch den Raum reflektiert, so dass man, sofern man über eine Linse verfügt, die stark und scharf genug ist, das Bild dieses Hasen überall dort fokussieren kann, wohin das Licht reicht. Das menschliche Auge mag aus einer Entfernung von, sagen wir, mehr als dreißig Metern gar nicht in der Lage sein, den Hasen zu sehen. Ein Adler jedoch würde ihn aus einer im Vergleich hierzu viel größeren Entfernung ausmachen. Der einzige Unterschied besteht in den Eigenschaften der Linse im Auge von Mensch und Adler. Das Bild selbst durchdringt den Raum, und man benötigt lediglich die richtige Linse, um es einzufangen. Auf ähnliche Weise können in Satelliten angebrachte Überwachungskameras detaillierte Informationen darüber aufzeichnen, was sich Hunderte von Meilen unterhalb zwischen Menschen auf der Erde abspielt.
Nun trifft das, was auf Abbilder und das Licht zutrifft, erstaunlicherweise auch auf alles zu, was sich im Universum abspielt, was es auch sein mag: Tatsache ist, dass alle Informationen über das Universum eigentlich überall gleichzeitig präsent sind. In einem gewissen Sinne geschieht alles, was wirklich geschieht, »non-lokal«. Die simple Begrenzung auf einen bestimmten Ort ist nur eine Frage davon, wie uns Dinge erscheinen, da wir nur über ein begrenztes Vermögen verfügen, Zugang zu Informationen zu gewinnen. Die ganze Welt ist wie ein Hologramm: Alles, was irgendwo geschieht, geschieht de facto überall!
Hier sprechen wir über physische Phänomene in unserem dreidimensionalen Universum – auf der Ebene jener Dimension, die uns seit dem Versinken von Atlantis zugänglich ist. Selbst auf dieser Ebene können wir, obwohl Dinge unserem Erleben nach voneinander getrennt und lokal geschehen, durch wissenschaftliche Analyse herausfinden, dass sie eigentlich gar nicht wirklich voneinander getrennt oder örtlich begrenzter Natur sind. De facto sind diese physischen Phänomene ein

schwacher Widerschein der viel größeren Wahrheit, die in allen Dimensionen der Wirklichkeit existiert – der Einheit allen Seins selbst – die Tatsache, die wir etwas früher ansprachen: Dass es, obwohl es den Anschein erweckt, dass es eine Vielzahl von Dingen gibt, in Wirklichkeit nur eine einzige Wirklichkeit gibt, die unendlich vielfältige Erscheinungsbilder ihrer selbst in sämtlichen Dimensionen wo auch immer erzeugt.

Solitonwellen

Den Melchizedeks zufolge ist das gesamte Universum ein gigantisches Energiegebilde. Auch die reguläre heutige Physik sieht den Kosmos als komplett aus Energien bestehend, wenn auch auf eine materialistische und gründlich die linke Gehirnhälfte betonende Weise gedeutet. Und die Psychologen denken sich die menschliche Psyche seit mindestens einem Jahrhundert als von »psychischer Energie« angetrieben. Zu denken, dass die Welt komplett aus Energie besteht, kann uns jedoch helfen, unsere eigenen materialistischen Wahrnehmungsgewohnheiten zu durchbrechen und unsere Sichtweise, wer und was wir sind, zu verändern. Hierbei kann es hilfreich sein, daran zu denken, dass man tatsächlich selbst unsere gewöhnliche materielle Wirklichkeit als aus nichts als Energiewellen bestehend sehen kann.

Alle Festkörper unserer Welt – die Gebäude und Berge und Computerchips und menschlichen Körper – sind eigentlich komplexe Kombinationen vieler verschiedener Arten von Wellen.

Dabei sollte man eines nicht vergessen: Für eine Person, die in einer höherdimensionalen Wirklichkeit lebt, ist jedes einzelne Objekt durch sein eigenes *Merkaba-Energiefeld*, das ihm gleichzeitig seine Individualität verleiht und mit allen anderen verbindet, eins mit dem gesamten Sein. Wir könnten also sagen, dass alles, was es gibt, eine komplexe Welle ist, die alle schwächeren Wellen, die in ihm und durch es zusammenkommen, organisiert und harmonisiert. Eine derartige organisierende Welle oder Wellenform wird als Solitonwelle bezeichnet. Eine Solitonwelle enthält viele ihr untergeordnete Wellenformen und hält diese zusammen, und sie verleiht dem Wellensystem, das ihrer Gewalt untersteht, ihre Schlüsselnote, die Grundzüge ihres Charakters. Komplexe Entitäten wie etwa menschliche Körper, Galaxien oder Obertöne der Dimensionen bestehen aus einfacheren Wellensystemen. Doch welche Ebene wir auch betrachten, es gibt wirklich nichts als

Wellen über Wellen innerhalb weiterer *Wellen-Merkaba-Energiefelder*, die in größeren *Merkaba-Energiefeldern* enthalten sind.

So zum Beispiel scheint der menschliche Körper aus festen und flüssigen Substanzen zu bestehen – Sehnen und Knochen, Lymphe und Blut. Eigentlich jedoch hat jeder Aspekt des Körpers einen charakteristischen rhythmischen Puls. Ein rhythmischer Puls oder wiederkehrender Zyklus ist das Gleiche wie die Schwingungsfrequenz. Frequenz bedeutet einfach nur, wie regelmäßig ein Pulsschlag oder ein Zyklus wiederkehrt. Die Frequenz der Erddrehung entspricht einem Zyklus, der sich alle vierundzwanzig Stunden wiederholt. Im Körper bilden die Frequenz des Herzschlags, der Rhythmus des Atems und der Menstruationszyklus die uns geläufigsten Formen dieses Pulsierens. Doch es gibt auch den Rhythmus, nach dem die Ventrikel des Gehirns Zerebrospinalflüssigkeit absondern, und es gibt die unterschiedlichen Frequenzen der Gehirnwellen und die vielen Zyklen, die jene unzähligen biochemischen Substanzen entstehen lassen und auflösen, die unsere biologische Existenz ausmachen. Zu all dem kommt noch die Tatsache, dass jedes Organ und jede Zelle winzige elektromagnetische Felder ausstrahlen, die in einer für Organe beziehungsweise Zellen dieser Art charakteristischen Weise schwingen: Darüber hinaus wird jedes Atom in einem elektromagnetischen Gleichgewicht zwischen den unterschiedlichen Schwingungseigenschaften der Partikel und Wellen gehalten, aus denen es besteht. Kurz und gut: Unser Körper setzt sich gar nicht aus Knochen, Sehnen und Flüssigkeiten zusammen, sondern aus der Koordination dieser unzähligen Rhythmen und Wellenformen, alle zu einer gigantischen Harmonie orchestriert, einer Sinfonie pulsierenden Lebens. In der Wissenschaft ist man gerade im Begriff, sich so den menschlichen Körper vorzustellen, und es setzt sich derzeit die Erkenntnis durch, dass es eine einzige Welle oder Frequenz gibt, die all diese Wellenformen organisiert. Die Biologie und Medizin der Zukunft wird eine Wissenschaft der Wellenformen sein.

Was auf unsere materielle Natur zutrifft, trifft auch auf unsere spirituelle Natur zu sowie auf die multidimensionale Struktur unseres Kosmos und auf das gesamte Sein. Alles besteht aus Wellen in Wellen, Wellen, die Wellen kreuzen, Wellen, die andere Wellen besiegen. Es gibt eine Wellenform, die das Leben eines jeden einzelnen von uns innerhalb der Zeit in sich birgt – ein einziger Puls, der bei unserer Geburt beginnt und sich bei unserem Tod ausblendet – und eine größere, ausgedehntere Welle, die unser individuelles Leben in einem größeren Leben/Sein umfasst, das von Leben zu Leben fließt und aus unbekannten Dimensionen zu uns und durch uns hindurch wandert. Eben dieses umfassendere Leben ist unser individuelles *Merkabafeld*, dessen wir gewahr werden müssen. Diese Wellen höherer Dimensionen bewegen sich nicht auf die gleiche Weise in der Zeit wie alle biologischen Rhythmen, sondern umfassen unser Sein auf eine Weise, die man sich unmöglich vorstellen kann, ohne es selbst erfahren zu haben. Ein Tor dazu, unser Bewusstsein zu Wellenformen höherer Dimensionen zu erweitern, besteht darin, unseren physischen Körper als Pulsieren und Energien zu erleben.

Das Wesen der Polarität

Wären wir tatsächlich in der Lage, uns selbst und unsere Welt voll und ganz als wechselseitig aufeinander einwirkende Wellenformen zu sehen, so würden wir erkennen, dass es keine echte Trennung zwischen uns selbst und unserer Welt oder uns selbst und anderen gibt, und ebenso wenig gibt es sie zwischen all den unterschiedlichen Dingen auf der Welt. Alles fließt in alles andere ein und verschmilzt damit. Konturen werden wahrgenommen. Begrenzungen treten in Erscheinung. In Wirklichkeit jedoch pulsiert alles und strahlt alles über seine Begrenzungen hinaus aus und tritt in Wechselwirkung mit der strahlenden Energie, die aus allem Sonstigen in seiner Nachbarschaft ausstrahlt. Unsere Neigung, die Welt in solide Bruchstücke aufzuteilen, ermöglicht uns, zu meinen, wir könnten die Welt nach dem, was wir für gut und für schlecht halten, neu erschaffen, so dass wir die Fragmente wählen könnten, mit denen wir uns umgeben wollen und diejenigen, die wir eliminieren möchten. Aus der Perspektive eines Universums der Energien jedoch macht dies überhaupt keinen Sinn. Wenn wir zu dem Schluss kommen, dass etwas schlecht ist und dass wir es zurückweisen oder ausschließen wollen, senden wir in Wirklichkeit eine Welle negativer Energie aus, die sich mit unserem Umfeld vermischt und verdunkelnd über unsere eigene Wirklichkeit legt. Um diese düsteren Strahlen der Zurückweisung aussenden zu können, schaffen wir eine Enge in unserem Geist und Körper. Unser Urteilen wird fester Bestandteil unserer Welt. Es gelingt damit nicht wirklich, die Dinge zu eliminieren, die unserer Ansicht nach schlecht oder böse sind. Es mehrt lediglich unser subjektives Unglücklichsein.

Jene geistige Einstellung, derzufolge die Dinge der Welt in separate Entitäten untergliedert sind und die diese dann als gut oder schlecht beurteilt, wird als »Dualismus« oder »Polaritätsbewusstsein« bezeichnet. Wenn Herz und Geist sich gemeinsam der Einheit allen Seins bewusst werden, hat diese dualistische Sichtweise ein Ende. Was hat es mit dieser Vision auf sich? Was gibt es an ihr zu »beanstanden«, wenn überhaupt? Im Grunde kann es am Dualismus selbst nicht wirklich etwas zu »beanstanden« geben, denn sich vorzustellen, irgendetwas stimme damit nicht, wäre ja schon für sich genommen gänzlich dualistisch!

Dual-ismus bedeutet »Zwei-heit«: das gesamte Sein als irgendwie fundamental auseinander-di-vidiert. (Das Wort »di-vidiert« bedeutet »zwei sehen«. »Di« bedeutet, ebenso wie »duo« »zwei«, und »videre« bedeutet»sehen,»videre«ist mit dem Wort »Vision« verwandt.) Es gibt viele Arten von Dualismus, viele Weisen, auf die der Geist »Dichotomien« erzeugt (»Di-chotomie« bedeutet wörtlich »in zwei Teile geschnitten«). Es ist die natürlichste Sache dieser Welt, dass der Geist Dichotomien erschafft, Dinge auseinander-dividiert, Dualitäten erschafft. Wir sehen Dinge als links und rechts, oben und unten, heiß und kalt, groß und klein, mehr und weniger unterschieden. Es gibt viele einflussreiche philosophische Systeme, die auf sehr groben und verallgemeinernden Dualitäten basieren. Die Philosophie des französischen Denkers René Descartes aus dem siebzehnten Jahrhundert beeinflusste die Entwicklung des modernen wissenschaftlichen Denkens. Descartes behauptete, dass sich die gesamte Wirklichkeit in zwei absolut unterschiedliche Arten von »Substanzen« unterteilen ließe: Eine, die von ihm auch »Denksubstanz« (res cogitans) genannt wird und bewusst und intelligent ist sowie eigentlich nicht in Zeit und Raum angesiedelt, keine Materialität hat und unsterblich ist; und eine Art von »Substanz« namens »tatsächlich körperlicher Substanz« (res extensa), die Zeit und Raum in Anspruch nimmt: Materie.

Die Art von Dualismus, die mir am meisten zu denken gibt und die ziemlich verschwindet, sobald man auch nur ansatzweise die Wahrheit, die Einheit allen Seins begreift, ist der Dualismus zwischen Gut und Böse: Eine Sicht der Wirklichkeit als nicht nur oder nicht vor allem in unterschiedliche Arten von Substanz unterteilt, sondern als großes, polarisiertes, kosmisches Ringen zwischen einander entgegen wirkenden Kräften oder Neigungen, beziehungsweise zwischen zwei Giganten: Gott und Satan oder Luzifer. Auch das ist eine natürliche Neigung des auf der dritten Dimension angesiedelten Geistes: Alles, was wir sehen oder kennen zu teilen, alles, was wir fühlen, alles, was wir denken – als etwas, das zum Guten tendiert oder zum Schlechten. Diese Art von »moralischem Dualismus« (und letztlich jeder Dualismus) ist de facto eine recht unmittelbare Konsequenz der Neigung zu teilen, zu dichotomisieren, zu unterscheiden. Wir trennen das, was gut für uns ist, von dem, was schlecht für uns ist, aber zunächst einmal, weil wir uns unterscheiden! Wir trennen unsere Art zu sein von allem, was nicht wir ist.

Nachdem wir Amerikaner, Christen, Weiße oder Schwarze, Männer oder Frauen oder welche Gruppe auch immer als zu »unserer Gruppe« gehörig ausgefiltert haben, die dem Rest der Menschheitsfamilie entgegen steht, wollen wir das Überleben unserer Gruppe unterstützen, und der Rest ist uns relativ gleichgültig. Wir unterteilen die Menschheit in »wir« und »andere«, oder »ich« und »nicht ich«. Wir meinen, dass unser Überleben, unser Wohlstand, unser Erfolg »gut« sei, und alles, was ihm entgegensteht oder ihm Widerstand bietet, ist »böse«. Man achte einmal darauf, wie die Dichotomisierung – das Zerteilen des Ganzen in zwei Teile – auf vielen Ebenen stattfindet. Zuerst trenne ich zwischen mir und dem Rest der Menschheit. Wenn ich mein Blickfeld erweitere, identifiziere ich mich vielleicht mit meiner Familie. Nun gibt es da meine Familie, die allen anderen Familien gegenüber steht. Erweitere ich den Blickwinkel noch mehr, so sind die »Guten« der Clan, dem meine Familie angehört, ihre Nationalität, oder auch die Firma, für die ich arbeite oder die Religion, mit der ich aufgewachsen bin. Nun stehe ich im Wettstreit mit anderen Clans oder Firmen, oder ich befinde mich potenziell im Krieg mit anderen Nationen. Und was die Religion angeht, muss meine Religion natürlich als Einzige im Besitz des Wahren und Guten sein, und die anderen Religionen müssen falsch und schlecht sein.

Wenn ich wirklich clever bin, identifiziere ich mich vielleicht ja nicht mit dieser oder jener Gruppe, sondern mit der gesamten Menschheit. Aber das beendet den Dualismus nicht im mindesten, denn damit habe ich jetzt die Menschen von allen anderen Arten von Wesen unterschieden: den Tieren, den Geistwesen, den Außerirdischen oder Wesenheiten aus anderen Dimensionen, Pflanzen, Mineralien, der Erde oder Galaxie und letztlich dem höchsten Sein insgesamt. Auf jeder

Ebene, welche es auch sein mag – ob man an der Stelle stehen bleibt, zu sagen: »Ich bin Christin, ich bin ein Mensch, ich bin ein Erdengeschöpf, ich bin ein lebendes Wesen...« – bleibt man eben an einer bestimmten Stelle stehen, bezieht nicht das gesamte Sein ein, und schon hat man eine Trennung geschaffen, eine Dichotomie, und man denkt (was nur natürlich ist), die eigene Seite der Dichotomie sei »gut«, und die andere zwar vielleicht nicht absolut »schlecht« oder »böse«, aber doch zumindest nicht ganz so gut, nicht so wichtig, nicht im gleichen Maße wert, zu überleben, zu wachsen und zu gedeihen oder Erlösung zu erfahren.

Die ganze Sache mit gut und schlecht, zusammen damit, ängstlich auf das eigene Überleben bedacht zu sein beziehungsweise das der eigenen Gruppe, der eigenen Kategorie von Menschen oder des eigenen Clans, ist die Folge davon, wie uns Dinge auf der Ebene der dritten Dimension erscheinen, das heißt, als aus voneinander getrennten Einzeldingen und Ensembles von Dingen bestehend. Wir sehen nicht das Ganze, oder wenn wir einmal einen flüchtigen Blick darauf erhaschen, so hat es für uns den Anschein, als bestünde das Ganze aus vielen einzelnen, voneinander getrennten Teilen. Die Teilung, und demzufolge die Dualität, zieht sich durch unsere gesamte Wahrnehmung des Seins. Wenn wir über die dritte Dimension hinausgelangen, löst sich diese Neigung zum Auseinander-Dividieren, zur Sichtweise von Dingen als voneinander getrennt, auf. Wir sehen nicht nur das Sein als Ganzes, sondern wir haben zudem das Empfinden, dieses Ganze zu sein! Es ist nicht einmal so, dass wir uns als Teil des Ganzen sehen – das würde bedeuten, noch immer dualistisch zu denken, da die Beziehung »Ganzes/Teil« nur wieder eine weitere Trennung, einen weiteren Dualismus beinhaltet. Wenn wir selbst, jeder und jede von uns, in unserem Sein das gesamte Sein sind, gibt es keinen Grund welcher Art auch immer mehr, Dinge in gut und schlecht zu unterteilen. Entweder ist alles unvorstellbar und auf übermächtige Weise positiv und gut, oder die ganze Frage löst sich einfach auf, da es uns nicht mehr sehr interessiert, in Kategorien von »gut« und »schlecht« zu denken. Selbst die Unterscheidung zwischen Dualismus und der Einheit allen Seins hält nicht mehr Stand, denn man sieht nun die Möglichkeit eines Daseins auf der dritten Dimension selbst als vollkommen in das Geflecht des Seins hineingewoben, und nicht mehr so, wie sie sich selbst vorkommt: auf einer klar umrissenen Ebene von anderem abgegrenzt. Es macht überhaupt keinen Sinn mehr, bei irgendetwas zu denken, es sei falsch, und um seinetwillen verurteilt, von anderen abgeschnitten oder gemieden zu werden.

TEIL 2

Feuer und Flamme für unsere Bestimmung

Umdenken im Hinblick auf unsere Identität

Wenn es stimmt, dass wir unweigerlich Wirklichkeit erschaffen, ist es fundamental wichtig für den ganzen Prozess, welche Identität wir uns beimessen – wofür wir uns in Wirklichkeit halten. Wenn wir uns als machtlos und letztlich vom Rest des Seins getrennt sehen, wird das Universum uns immer etwas zurückgeben, das sich mit dem deckt, was wir aussenden. Das Universum ist ein »universeller Jasager«: Komme, was da wolle, es sagt immer »ja« zu unseren Gedanken.

Identifiziert man sich damit, ein machtloses Opfer zu sein, so ist das so, als würde man dem Universum das Kommando geben, sich genau so zu gebärden, als träfe das zu. Das Ergebnis: Das ganze Universum entspricht diesem Kommando und sagt »ja« dazu, und daraus ziehst du die Bestätigung, dass du keine Macht hast. Du bekommst das, was du hineingibst. Das trifft immer zu. Und genau so erschaffen wir die Wirklichkeit.

Wir neigen dazu, die Beziehung zwischen unseren Gedanken und unserer Welt nicht wahrzunehmen, eine Ursache-Wirkung-Beziehung. Stark vereinfacht ausgedrückt: Wir sehen nur, was wir zu sehen erwarten, da wir ahnungslos unseren eigenen gestörten, unbewussten Mustern ausgeliefert sind. Diese Muster werden durch Energie aus der Vergangenheit aufrecht erhalten, die im Körper festsitzt und dort als symptomatisch für das bestehen bleibt, was man im Rebirthing als »Unabgeschlossenes/Unbeendetes« bezeichnet: unabgeschlossene Emotionen, Handlungen und Intentionen aus früheren Leben, vom Geburtstrauma und aus der Kindheit. Klar ist, dass wir das Kommando, das wir der Wirklichkeit erteilen, umwandeln müssen, indem wir unsere Identität wandeln, unser inneres Bild davon, wer wir sind: vom Opfersein zum Meistersein, vom isolierten Individuum zur Übernahme der Verantwortung für das Sein als Gesamtes.

Der Zweck dieses Teils des Buches ist der, aufzuzeigen, wie sich dieses Kommando umwandeln lässt, wie man es angehen kann, sich mit etwas zu identifizieren, das einem Zugang zur eigenen vollen Kraft, der eigenen wahren Natur verschafft.

Intuition

Wir sind spirituelle Wesen – spirituelle Meister – und das von Anfang an. Wir brauchen nichts an unserem grundlegenden Sosein zu ändern, um Meister zu werden oder Erleuchtung zu erlangen. Wir müssen nur das aufdecken, was wir wirklich sind, und unser Erleben unserer eigenen Identität verlagern. Unser spirituelles Sein ist nichts Äußerliches. Es ist nicht so wie unsere DNS oder unsere körperliche Erscheinung oder unsere Persönlichkeit samt ihrer Geschichte, ihren Marotten und ihrer bestimmten Struktur. Es ist voll und ganz eine Angelegenheit, die sich im Innern abspielt. Das bedeutet, wir haben keinerlei Möglichkeit, die Tatsache zu beobachten, dass wir spirituelle Meister sind. Es gibt keinen »Beweis«, auf dessen Grundlage wir uns davon überzeugen können, dass wir keine niederen Menschen sind, sondern spirituelle Wesen. Es gilt deshalb, den Wandel in der Identität zu erreichen, ohne dass wir einen Beweis für die Tatsache suchen, dass das möglich ist.

Das ist gleichzeitig der schwierigste und grundlegendste Punkt. Umzudenken im Hinblick auf unser Erleben der eigenen Identität ist etwas, das man einfach verkünden muss. Du bist ein spirituelles Wesen! Das ist eine Möglichkeit, die du erfassen und als wahr akzeptieren musst, nicht weil du unmittelbare Beweise dafür hast, dass sie zutrifft, und nicht weil du sie aufgrund meiner Autorität akzeptierst oder weil jemand anders das sagt. Du musst sie annehmen, weil du intuitiv weißt – eine Ahnung hast, ein Gefühl – dass das wahr ist. Und aus dieser Intuition heraus musst du handeln. Was aber ist Intuition?

Vielleicht ist dir bekannt, dass die zeitgenössischen Gehirnbiologen wissen, dass das Gehirn in zwei »Hälften« unterteilt ist, die miteinander kontrastierende Funktionen erfüllen. Die linke Gehirnhälfte ist die rationale, logische. Sie will die Fakten kennen und trifft auf ihrer Grundlage sowie auf der Grundlage ihres logischen Denkens diesbezüglich Entscheidungen. Die rechte Gehirnhälfte ist die intuitive: Sie hat bestimmte Gefühle im Hinblick auf Dinge, erfasst Situationen und Wirklichkeiten in ihrer Gesamtheit. Sie ist nicht auf Fakten und Beweise aus und zieht keine Schlüsse, die auf logischer Überlegung basieren. Sie fühlt und weiß.

In uns allen ist bis zu einem gewissen Grad Intuition wirksam. Bist du schon einmal in einen übervollen Raum oder eine bestimmte Wohngegend gekommen und in dir schrillten sozusagen die Alarmglocken – so eine Ahnung, dass da etwas nicht stimmte? Dieses Gefühl entsteht nicht aus der Einschätzung bestimmter Tatsachen. Es ist ein Eindruck, der schlagartig da ist, in seiner Ganzheit. Das ist Intuition. Nun stellen sich Intuitionen nicht nur in dieser negativen Gestalt ein.

Hier ein positiveres Beispiel. Du fährst über Land, und als die Straße eine Kurve macht, hast du plötzlich eine herrliche, freie Sicht auf Felder und Berge und Himmel. Es ist so grandios, dass du vor Ehrfurcht wie erstarrt bist. Auch das ist ein intuitives Erleben. Es kommt nicht dazu, weil du die Einzelheiten der Landschaft einstufst und die Farben der Bäume beurteilst, die Weite des Himmels. Es ist ein ganzheitlicher Eindruck, ohne logisches Denken.

Was die Frage unserer inneren Identität angeht, so arbeiten die linke und die rechte Gehirnhälfte völlig unterschiedlich. Die linke Gehirnhälfte hält immerzu Ausschau nach Hinweisen, die ihr etwas über deinen persönlichen Charakter sagen. Sie will Rückmeldung von anderen – von deinen Lehrern oder Arbeitgebern, dem Freundeskreis, der Familie, um sich zu vergewissern, dass dein Charakter herausragend ist oder wenigstens »okay«. Sie glaubt an objektive Tests – Intelligenztest, standardisierte Fähigkeits- oder Leistungstests – sie misst sich nach materiellem Erfolg in Gestalt einer üppigen Gehaltsüberweisung, sozialem Prestige und so weiter. Sie betrachtet das, was du erreicht hast oder deinen Status, um Fakten herauszufinden, die deine Identität bestimmen. Sie will Beweismaterial und beurteilt auf dieser Grundlage, was und wer du bist.

Die rechte Gehirnhälfte dagegen braucht keine Beweise. Sie arbeitet aus einem innerlichen Empfinden heraus, einer Intuition. Sie lässt dich sofort erleben, wer du bist. Mit dieser Intuition erlangst du unmittelbar ein Wissen um deinen inneren Zustand, und von dort ausgehend, machst du dir ein Bild von dir, das nicht auf Leistung basiert oder auf äußerlichen Merkmalen, die sich beweisen oder widerlegen lassen.

Bei allen Menschen dominiert tendenziell die eine Gehirnhälfte oder die andere, und so sind sie mehr oder weniger anfällig dafür, die Wirklichkeit nach Fakten und Logik zu beurteilen, oder sie durch Bilder und Intuition in ihrer Ganzheit zu erfassen. Alle Menschen haben beide Seiten, und beide sind notwendig für das Leben auf diesem Planeten und in der dritten Dimension, aber die moderne Gesellschaft wird sehr stark von dem logischen Denken bestimmt, bei dem die linke Gehirnhälfte, das logische Denken regiert. Unsere Gesellschaft betont in ihren Bildungseinrichtungen die logischen Funktionen, die der linken Gehirnhälfte. Man geht zur Schule, um Lesen und Schreiben und Rechnen zu lernen, um sich mit Fakten aus der Geschichte zu befassen. Aktivitäten, die dazu beitragen, die Intuition zu entwickeln, wie etwa Musik und Kunst, laufen ständig Gefahr, dass keine Mittel mehr für sie bereitgestellt werden, und Meditation und Gebet werden von vorn herein ausgeblendet. Es ist so, als könne die Gesellschaft sich nicht vorstellen, was sie mit Intuition anfangen sollte. Sie weiß sie nicht zu würdigen. Das Ergebnis ist: wir leben in einer hochgradig fragmentierten, technokratischen Welt ohne Vision oder Ganzheit. Und unsere Intuition ist tendenziell schlechter entwickelt als unser logisches Denken. Aber wir brauchen eine gute Portion Intuition, wo immer wir Zugang zu ihr bekommen können, denn ohne intuitives Denken wird nichts aus dem Identitätswandel vom Opfer zum spirituellen Meister oder der spirituellen Meisterin.

Natürlich ist nicht alles, was uns die Intuition eingibt, positiv. Man kann ein positives Selbstbild haben oder ein negatives, und man kann dementsprechend zu positiven oder negativen Einstellungen im Hinblick auf sich selbst und die Wirklichkeit gelangen. Wenn man glaubt, zu einem Opferstatus verdammt und den Auswirkungen von Karma oder Schicksal ausgeliefert zu sein, kann dieser Glaube in einem negativen intuitiven Empfinden wurzeln – einem bestimmten Bild von sich selbst oder der Welt, oder einem inneren Gefühl gegenüber sich selbst oder der Welt. Es ist also nicht so, dass das intuitive, die rechte Gehirnhälfte favorisierende Denken gut ist, und das logische, mit der linken Gehirnhälfte stattfindende, schlecht. Die Möglichkeit jedoch, dass du ein spiritueller Meister oder eine spirituelle Meisterin bist, und lediglich Erfahrungen damit sammelst, wie es ist, Mensch zu sein, ist etwas, das du nur intuitiv begreifen kannst. Es stellt sich als innere Antwort ein, ein Gefühl, sich persönlich bestätigt zu sehen. Wenn du zum Beispiel meine Worte liest, mag etwas in dir sagen: »Ja, genau so ist es. Irgendwie habe ich das immer gewusst.« Dieses innerliche »Ja« entspringt deiner Intuition. Im Grunde ist es ein Moment, in dem du wach wirst für dein höheres Selbst. Dein höheres Selbst erkennt die Wahrheit, wenn es sie hört, und kommt durch dieses intuitive Erleben zum Vorschein. Das ist etwas völlig anderes als lediglich die Worte einer Autoritätsperson zu akzeptieren, weil diese Person eben behauptet, dass es sich so und so verhält. Letzteres entspringt der Angst, nicht der Hoffnung oder einem Erkennen.

Dein höheres Selbst ist nichts, für dessen Existenz oder Nichtexistenz du Beweise sammeln kannst. Es ist eine Möglichkeit, etwas, das du mit deinen Bestrebungen oder deiner Intuition erfassen kannst. Wenn du versuchst, Fakten zu finden, die ihm eine Grundlage geben, so wird es sich dir vollkommen entziehen. Der Geist, der darauf fixiert ist, Fakten ausfindig zu machen, kann nie hoffen, dem höheren Selbst zu begegnen. Aber wenn die Hoffnung, dass es existiert, zum intuitiven Ahnen, Wollen und schließlich Verkünden wird, dass es existiert, wirst du merken, dass genau das sein Wesen ist: dieses intuitive Ahnen, das Wollen und Verkünden.

Da die Gewissheit, dass du ein spirituelles Wesen bist, der Intuition entspringt, kannst du es kaum erwarten, dass sich Beweise dafür einstellen. Wenn du nicht intuitiv daran glaubst, dann gibt es auch nichts, was je geschehen könnte, das es dir beweisen wird.

Die Welt des Möglichen

Gewöhnlich denken wir, die Welt setze sich aus Fakten zusammen. Ein Fakt, eine Tatsache, ist etwas, das bereits geschehen ist oder bei dem feststeht, dass es geschehen wird. Als ich heute morgen aufwachte, schien die Sonne. Das ist eine Tatsache. Der Zweite Weltkrieg endete 1945. Eine historische Tatsache. Die Erde braucht etwas mehr als 365 Tage, um einmal die Sonne zu umkreisen. Eine allgemeine Tatsache. Tatsachen sind definitiv, festgelegt, abgeschlossen. Sie sind, was sie sind – basta. Tatsachen schaffen wiederum weitere Tatsachen. In einer Welt der Tatsachen ändert sich letztlich nichts wirklich. Die Tatsachen von morgen sind das Ergebnis der Tatsachen von heute.

In der Regel wird es aber durchaus anerkannt, dass die Welt aus viel mehr besteht als aus Tatsachen oder Fakten. Sie birgt eine Menge Möglichkeiten in sich. Kann sein, dass es morgen regnet, aber es kann auch sein, dass es nicht regnet. Es könnte sein, dass du nächstes Jahr im Lotto gewinnst. Es ist möglich. Eine Möglichkeit ist wie eine Tatsache: Auch sie ist etwas recht Definitives, genau wie eine Tatsache. Aber Tatsache ist: sie ist noch nicht eingetreten. Eine Möglichkeit ist etwas, das wahr werden könnte, aber es kann auch passieren, dass es nicht wahr wird. Auf jeden Fall ist es noch nicht wahr. Die Möglichkeit hat etwas mit der Zukunft zu tun – mit etwas Offenem – etwas, das noch nicht feststeht und abgeschlossen ist. In gewissem Sinne liegt eine Tatsache jedoch immer in der Vergangenheit. Sie ist vorbei, erledigt. Eine Möglichkeit dagegen liegt nie in der Vergangenheit. Sie hat etwas mit dem zu tun , was wir anstreben. Sie hat etwas mit unseren Wünschen, unseren Hoffnungen, unseren Ängsten zu tun.

Die Welt besteht – in diesem gewöhnlichen Sinne – aus Tatsachen und Möglichkeiten. Eine Möglichkeit ist eine Möglichkeit für – eine Tatsache. Etwas Bestimmtes, das eintreten könnte, eine Sache, ein Ereignis, ein Vorfall. Sie ist ziemlich definitiv, ziemlich klar umrissen, nur dass sie eben noch nicht eingetreten ist. Die Tatsache jedoch, dass die Wirklichkeit aus Möglichkeiten besteht, und nicht nur aus Tatsachen, verweist auf eine Sicht der Wirklichkeit, die über die gewöhnliche hinausgeht – wir sehen die Wirklichkeit aus der Perspektive oder vom Gesichtspunkt der Möglichkeit selbst: Die Welt ist dann kein festgelegtes und abgeschlossenes Bündel von Tatsachen, die einfach nur darauf warten, dass aus ihnen irgendwelche anderen festgelegten und abgeschlossenen Tatsachen werden, sondern in ihrem innersten Wesen offen dafür, etwas zu werden, das über das Bestehende hinausgeht.
Der Wandel unserer Identität vom Status des Opfers, das stets auf Gedeih und Verderb den äußeren Umständen ausgeliefert ist, zu dem eines Meisters oder einer Meisterin, der beziehungsweise die alles befehligen kann und weiß, dass das so ist, hängt stark damit zusammen, unsere grundlegende Sicht der Dinge zu verlagern – vom Faktischen zur Möglichkeit. Ein Mensch, der mit einem Opferbewusstsein lebt, sieht die Welt als komplett aus Tatsachen bestehend, Fakten über Fakten, und weiter nichts. Selbst die Zukunft scheint aus nichts als Tatsachen zu bestehen, nur sind diese Tatsachen eben gerade noch nicht eingetreten. Die Dinge sind so, wie sie sind, und man kann nicht viel an ihnen ändern. Es existiert kein Gefühl der Offenheit, kein Empfinden, dass etwas sich anders entwickeln könnte als erwartet. Keine Ahnung um – das Mögliche. Für einen Meister oder eine Meisterin jedoch sind selbst Tatsachen reine Möglichkeiten. Jeder neue Umstand, jede neue Situation, jede neue Konstellation der Fakten, aus denen sich die Welt zusammensetzt, bedeutet eine neue Kombination von Möglichkeiten, neue Chancen. Meisterschaft zu erlangen, bedeutet einfach, den eigenen Blickwinkel zu verlagern, und die Welt nicht mehr als faktisch zu sehen, sondern als Welt des Möglichen. Nicht, dass es keine Fakten gäbe, nicht, dass nichts wirklich geschähe oder dass nichts fest ist. Es geht darum, bei allem, was geschieht, bei allem, was real und präsent wirkt, sofort das Potenzial zu spüren, das sich darin verbirgt: Du siehst nicht nur, was es ist, sondern du siehst, wozu es hinführen könnte, was du daraus machen könntest, wie du die Chancen nutzen könntest, die es bietet, im Sinne deines eigenen Wohls und dem

aller Wesen überall. Im Licht des Möglichen wird jede Tatsache zum Zauberstein: Berühre sie, und sie offenbart dir eine völlig neue Welt von Dingen, die noch kommen könnten.

Wenn ich vom Möglichen spreche, meine ich eine Art und Weise, die Wirklichkeit zu betrachten – oder, noch mehr als das –, eine bestimmte Art, das Dasein zu erleben. Ich könnte sagen, indem ich meine Identität zu der eines Meisters oder einer Meisterin werden lasse, trete ich für das Mögliche ein, für das Sein als Möglichkeit. Ich sehe die Welt nicht mehr als etwas, das aus Fakten und bloßen Möglichkeiten für weitere Fakten besteht. Ich sehe die Wirklichkeit als Möglichkeit. Da Möglichkeiten keine Fakten sind, oder noch nicht, gibt es auch keine Beweise, die diese neue Haltung unterstützen könnten. Das Beweismaterial besteht komplett aus Fakten und logischen Erwägungen zu Fakten oder aufgrund von Fakten. Aber die Möglichkeit selbst ist jenseits der Welt der Tatsachen angesiedelt. Wenn ich also meine Identität verändere und die eines Meisters oder einer Meisterin annehme, basiert diese Verlagerung auf keiner Art von faktischen Beweisen. Ich betrachte mir nicht mein Leben und versuche, Beispiele für mein eigenes Verhalten oder aus meiner eigenen Erfahrungswelt zu finden, die zeigen würden, dass ich tatsächlich dieser Meister oder diese Meisterin bin, statt ein gewöhnliches menschliches Opfer. Würde ich das tun, befände ich mich sofort wieder in der Welt der Tatsachen und Beweise. Statt dessen aber trete ich aus dieser Welt hinaus und in die Welt des Möglichen. Die Welt des Möglichen ist etwas, das ich wahrnehmen kann, wenn ich meine rechte Gehirnhälfte einsetze – meine Intuition und mein Gefühl. Um eine Möglichkeit zu erfassen, dazu brauche ich Intuition – ein Gefühl, eine Ahnung davon. Um den Wandel zum Meister oder zur Meisterin zu vollziehen, brauche ich letztlich nur eine Intuition, eine Ahnung, ein Gefühl, dass das wahr ist. Um von einer Welt des Faktischen in eine Welt des Möglichen zu wechseln, brauche ich keine Beweise. Ich brauche Intuition. Intuition ist was? Zu wissen, dass das Mögliche möglich ist! Dass das Mögliche wirklich eine andere Art und Weise ist, die Wirklichkeit zu verstehen! Dass ein Meister oder eine Meisterin jemand ist, der oder die im Möglichen zu Hause ist und für den oder die jede neue Tatsache, jedes neue tatsächliche Ereignis oder Geschehen lediglich weitere Möglichkeiten eröffnet. Und zu wissen, dass mir eine solche Sicht der Wirklichkeit offen steht.

Werner Erhard sagt irgendwo, dass es mit der Wirklichkeit so sei wie mit einem Zug, der das Gleis entlang braust. Willst du die Wirklichkeit ändern, so reicht es nicht aus, in diesem Zug zu sitzen, ja es reicht nicht einmal aus, ein Ingenieur zu sein, der etwas von Zügen versteht. Das Gleis verläuft immer geradeaus, und es gibt keine Möglichkeit, einen Schlenker zu machen, um das zu verändern, was als Nächstes kommt. Um die Wirklichkeit zu verändern, musst du aus dem Zug aussteigen und vor ihm völlig neue Gleise verlegen. Neue Gleise sind eine neue Welt des Möglichen: Ein neuer Rahmen, in dem du die Welt erfährst. Aber ich würde sogar noch etwas weiter gehen und sagen: Ja, die Welt der Fakten ist wie ein Zug, der seinem Gleis folgt. Doch selbst wenn man neue Gleise bauen würde, befände man sich noch immer in der Welt der Fakten – man hätte sie nur ein wenig verändert. Die Welt des Möglichen jedoch ist wie ein Flugzeug, das im freien Raum fliegt. Dort gibt es keine Schienen. Es steht dir in jedem Moment frei, den eingeschlagenen Kurs weiter zu verfolgen oder ihn zu ändern. Man kann von einem Augenblick zum nächsten in jede nur vorstellbare Richtung weiterfliegen. Wenn du das Gefühl hast, dich höher in das wilde, blaue Darüber hinaufschrauben zu wollen – dein Wunsch ist Befehl! Du brauchst es nur zu denken, und schon geschieht es. Das ist Möglichkeit – die Welt als Möglichkeit – die Welt des Meisters oder der Meisterin, einer Wirklichkeit, die einer höheren Dimension angehört und bei der es keine Kluft zwischen Gedanke und Manifestation gibt.

Prophezeiung und Möglichkeit

Prophezeiungen sind mit großer Lebhaftigkeit begriffene Möglichkeiten. Bestimmte besonders begabte Menschen – Personen, die mit dem Bewusstsein höherer Dimensionen sehen können – sind in der Lage, die Möglichkeiten wahrzunehmen, die in den gegenwärtigen Tatsachen vorhanden sind und sie als etwas zu verkünden, was geschehen wird. Wir neigen dazu zu denken, Propheten seien Menschen, die die Zukunft vorhersehen könnten – in ihren Prophezeiungen berichten sie uns von Tatsachen, die eintreten werden. In einem gewissen Sinne jedoch geht das am wichtigsten Punkt in Sachen Prophezeiungen vorbei, die nämlich gar nicht so sehr bedeuten, dass der Prophet zukünftige Fakten vorhersieht, sondern dass er mit dem Auge des Möglichen sieht: Er sieht Möglichkeiten, die der Gegenwart innewohnen; er sieht einen Weg – aber nicht nur einen Weg, der aus Fakten besteht, sondern einen offenen Raum, und davon kündet er. Die eigentliche Rolle eines Propheten besteht darin, uns wachzurütteln. Es ist so, wie es ein chinesisches Sprichwort beschreibt: Wenn wir nie die Richtung ändern, landen wir am Ende höchstwahrscheinlich dort, wo wir hinstreben! Wie ich in *Die Wurzeln der Zukunft* sagte, ist der Prophet dazu da, dass man ihm beweist, dass er sich geirrt hat!

Kontext und Inhalt

Wenn wir wirklich wach werden für das Mögliche und für unsere eigenen Möglichkeiten, entdecken wir, dass wir uns an der Quelle allen Lebens befinden. Wenn wir uns dort befinden, können wir einen neuen Rahmen für unser Leben erschaffen, für das Leben auf dem Planeten und sogar für alles Leben überall. Nichts ist wahr, wenn du es nicht denkst. Und wenn du etwas denkst, und du denkst es mit jeder Faser deines Seins, so wird es für jede Faser des umfassenden Seins wahr. Das bedeutet, dass du mit Anteil hast an der Erschaffung der Wirklichkeit. Und was wir zusammen denken, als Einzelne und kollektiv, bildet den Kontext für alles, was geschehen kann.

Unsere hauptsächliche Aufgabe ist also die, einen neuen Rahmen für das Dasein als solches zu schaffen, und zunächst einmal für unser eigenes Dasein. Aber unser eigenes Dasein ist nur dieser Punkt, an dem die Gesamtheit allen Seins ihre Kräfte konzentriert. Wir sind die Art und Weise, wie die Wirklichkeit sich zu einer Welt zusammenfügt. Wenn wir einen neuen Rahmen für unser Leben und das Leben schlechthin schaffen, so zeigt der Inhalt dieses Rahmens – zeigen die Fakten rund um das Dasein – neue Möglichkeiten, und diese werden radikal auf eine neue Linie ausgerichtet. Das, was das Leben alles beinhaltet, arrangiert sich spontan um, wie es auch in dem Kontext geschieht, den wir jetzt geschaffen haben. Die Umstände, die bislang unser Leben bestimmt haben und von denen wir annahmen, dass sich aus ihnen unser Leben herleite, beginnen fortan unsere kreative Deklaration unseres neuen Rahmens zu spiegeln und von ihm gefärbt zu werden.

In einem zeitlosen Moment veränderst du den Kontext, in den dein Leben eingebettet ist, durch ein intuitives Grundempfinden, das sich wie eine Kuppel über das Ganze wölbt. Du erfasst die Wirklichkeit als Ganzes und auf eine neue Weise. Vielleicht hat sich materiell überhaupt nichts verändert, und doch ist alles anders. Alles – Gutes und Schlechtes, Angenehmes und Unangenehmes, Hoffnungsvolles und

Unheilverkündendes – alles wird Teil deines Weges. Nichts muss verändert werden, aber alles wird verändert, weil du dich verändert hast. Alles ist jetzt eine Chance, eine Gelegenheit, noch mehr zu erwachen. Der zeitlose Augenblick des Erwachens braucht sich nicht als ein besonders welterschütterndes Ereignis einzustellen. Aber es ist ein Moment, in dem dir klar wird, dass du eine ehrfurchtgebietende Verantwortung trägst: Du erkennst, dass du selbst die gesamte Wirklichkeit erschaffst. Bei dieser Verantwortung geht es nicht um die Übernahme einer moralischen Verantwortung, sondern buchstäblich darum, diese Verantwortung als Akt der Freude zu ergreifen. Freudig die Verantwortung zu ergreifen, da der Rahmen den Inhalt neu ausrichtet. Der Rahmen, der Kontext, ist nichts als ein Gedanke, eine Intention. Aber wenn du diesen Gedanken denkst, wenn du ihn mit jeder Faser deines Seins in deiner Intention festhältst, ohne darüber nachzudenken und ohne Zögern, wird alles anders. Und das nicht nur für dich allein, sondern für alles Leben überall.

Nun herrscht der Inhalt deines Lebens nicht mehr über dein Leben. Der Schwanz wackelt nicht mehr mit dem Hund.

Wach auf, nimm einen Standpunkt ein, übernimm Verantwortung dafür, wer du bist und warum du hier bist, und das ganze Universum wird sich entsprechend umarrangieren, um deinem Bild von der Wirklichkeit zu entsprechen. Nun bist du kein hilfloses Opfer mehr im Leben, sondern eine Schöpfungskraft. Und du bist im Einklang mit dem Schöpfungsprozess des Universums.

Reinen Tisch machen

Deine Identität zu verändern und vom Opfer zum Meister zu werden; freudig Verantwortung zu ergreifen; den Rahmen des Daseins selbst zu verändern – wie lässt sich all das bewerkstelligen? Zunächst einmal dadurch, anzuerkennen, dass am Boden deines Seins sowohl bei dir selbst als auch beim Universum vollkommen reiner Tisch gemacht wurde. Da ist ein unbeschriebenes Blatt, eine Zaubertafel, auf der du niederschreiben kannst, was du willst. Zweitens, indem du selbst reinen Tisch machst, indem du alle gestörten Muster und alles Unerledigte bereinigst, und drittens, indem du deine Absicht kundtust, deine Identität zu verändern und von nun an kein machtloses Opfer mehr zu sein, sondern ein spiritueller Meister oder eine spirituelle Meisterin.

Als Allerersten musst du also verstehen, dass du nicht der Inhalt deines Lebens bist – du bist ein unbeschriebenes Blatt, ein magischer Notizblock. Dein höheres Selbst ist reine Möglichkeit, und als solche ein bewusster Kontext-Erschaffer. Deine wahre Natur ist das immense Potenzial dessen, was auf diesen Zauberblock, geschrieben werden kann. Und der Inhalt dessen, was auf deinem Zauberblock notiert wird, das sind deine Gedanken und Gefühle und Handlungen. Das Universum selbst ist ein universeller Jasager, ein universeller Antwortgeber, der all deinen Gedanken zustimmt. Es erlaubt dir, auf dem unbeschriebenen Blatt deiner Natur niederzuschreiben, was immer du willst. Und es antwortet auf das, was du schreibst.

Wenn deine Gedanken, Gefühle und Handlungen unbewusst entstehen, so erschaffst du eine Wirklichkeit, die ein Spiegel dessen ist, was bei dir noch nicht abgeschlossen ist – die halb-verwirklichten Intentionen, die unerledigten Beziehungen, blockierten Wünsche und die Reaktionen, die du nicht zum Ausdruck gebracht hast, bleiben als halbartikulierte Kritzeleien auf deinem Zauberblock stehen. Wenn sie nur dort stehen, ohne angeschaut und gelesen zu werden, werden sie dennoch deine Welt formen und ihre Bedingungen diktieren.

Aufzuwachen – bewusster zu werden – bedeutet, sich dieser chaotischen Niederschriften bewusst zu werden, dieser unabgeschlossenen Muster, aber vor allem bedeutet es, zu sehen, dass du in der Lage bist, »reinen Tisch zu machen« und zu einem leeren, unbeschriebenen Zustand des reinen Potenzials, der reinen Möglichkeit zurückzukehren. Dieses Vermögen ist eigentlich jeden Moment da, so dass du dich nie auf Gedeih und Verderb den alten Mustern auszuliefern brauchst. Du kannst deine Welt so erschaffen, wie du sie hier und jetzt haben möchtest, indem du auf der Stelle reinen Tisch machst. Ist das geschehen, kannst du auf das leere Blatt deines Seins schreiben, was immer du willst.

(In der Praxis bedeutet es für die meisten von uns ein gutes Stück Arbeit, unsere alten Muster loszuwerden. Obwohl dieser Zustand, in dem völlig reiner Tisch besteht, immer da ist, kann es etwas dauern, ihn unter all dem »Krimskrams«, mit dem wir ihn bekritzelt haben, zu entdecken. Genau darum geht es beim Rebirthing. Im Prinzip jedoch brauchst du auf nichts zu warten, um den Zustand der Leere im Zentrum deines Seins zu entdecken.)

Da unsere höhere Natur unser reines Potenzial ist, geht es beim Wachwerden für unsere höhere Natur nicht darum, uns einer Art Supermensch mit phantastischen Charakterzügen und mystischen Kräften gewahr zu werden. Die mystischen Kräfte sind da – wenn du deklarierst, dass sie es sind. Die phantastischen persönlichen Charakterzüge werden Gestalt annehmen – wenn du sie erschaffst, wenn du sie auf dem blanken Tisch deines Seins notierst. Spirituelles Erwachen, Erleuchtung, Aufstieg zu einer höheren Dimension, die Entdeckung des Einheitsbewusstseins oder Christusbewusstseins – bei all dem geht es darum, herauszufinden, dass es in deiner Macht steht, deine eigene Persönlichkeit zu kreieren und deine eigenen Lebensumstände, da du im Grunde ein leerer Zustand reinen Potenzials bist. Wenn du erwartest, in deinem eigenen Innern auf etwas zu stoßen, das bereits einen perfekt entwickelten Inhalt aufweist, wirst du enttäuscht werden. Es ist nicht der Inhalt, der immer bereits in einem perfekten Zustand existiert. Es ist vielmehr das Vermögen, den Rahmen zu erschaffen. Diese Fähigkeit – das ist es, was du in Wirklichkeit bist. Und du bist es immer. Du bist es bereits jetzt. Zeitlos. In jedem Augenblick.

Das Wunder des Nichtwissens

Das Wissen, dass du ein unbeschriebenes Blatt bist, ist das höchste Wissen. Wir sind bewusste Kontext-Erschaffer. Das ist dieses Potenzial unsrer inneren Natur. Doch um dieses Potenzial zu erkennen, müssen wir reinen Tisch machen: Du musst dein Gefühl, wer du bist, auf Null bringen – zu dem Ort der Leere, wo es scheint, als wärst du überhaupt nichts. Es gibt keine bestimmten Merkmale, über die du dich definieren kannst. Du bist einfach da, reines Sein, reines, unmittelbares, gegenwärtiges Dasein.

Gleich, wie der Inhalt deines Lebens beschaffen ist, wie erfolgreich du deiner Einschätzung nach bist oder wie viel Glück zu hast – bis du weißt, dass dein Sein abgesehen von deinem Vermögen, deinen eigenen Kontext zu erschaffen, ziemlich leer und bedeutungslos ist, kennst du wirklich nicht einmal das Geheimnis deines eigenen Glücks! Mitunter stehen uns Erfolg und Glück regelrecht im Weg, wenn es darum geht, zu sehen, wer wir in Wirklichkeit sind. Solange wir glücklich sind, wollen wir uns nicht wirklich nach innen wenden. Nicht, dass an Erfolg und Glück etwas auszusetzen ist – absolut nicht. Es ist einfach nur so, dass wir, wenn wir nicht gewahr sind, dass unser gegenwärtiges Glück unweigerlich das Ergebnis unserer Gedanken und Einstellungen ist, nicht wissen, wie wir sicherstellen sollen, dass unser Glück Bestand hat. Denn der Inhalt unserer Wirklichkeit ist stets unweigerlich die

Folge davon, was wir auf unseren Schreibblock geschrieben haben und schreiben, und wenn wir das nicht wissen, können wir sicher sein, dass sich schließlich unbewusste Muster, die bereits existieren, manifestieren werden, oder Muster, die wir jetzt gerade entstehen lassen, werden wirksam und verderben uns die Party! Die einzige Weise, sicherzustellen, dass die positiven Inhalte deines Lebens auch positiv bleiben, liegt darin, die Verantwortung für den Rahmen zu übernehmen, in dem sie entstehen, und dazu gehört auch, zu sehen, dass dein innerstes Wesen im tiefsten Grund ein unbeschriebenes Blatt ist, ein leeres Potenzial. Zum größten Teil verkennen wir unsere wahre Natur, weil wir unwissentlich auf Gedeih und Verderb unseren unbewussten, unerledigten Mustern ausgeliefert sind. Unabgeschlossenes bedeckt deinen inneren Schreibblock, so dass es den Anschein erweckt, du seist etwas ziemlich Definitives, mit festgelegten persönlichen Eigenschaften, Gedankenmustern und Einstellungen. Nur indem du diesen inneren Schreibblock rein wischst, kannst du sehen, dass es dir frei steht, dir die Wirklichkeit so zu erschaffen, wie du willst.

Beim Rebirthing dreht sich der entscheidende Punkt, sich unabgeschlossener Dinge und alter Muster bewusst zu werden und zuzulassen, dass blockierte Energie offen zu Tage tritt, nicht einmal so sehr darum, sich mit den Inhalten der Vergangenheit vertraut zu machen, als vielmehr darum, Raum dafür zu schaffen, dass die alten Inhalte schließlich weggespült werden können. Deshalb sagen wir im Rebirthing, dass »Wieder-Erschaffung Verschwinden ist«. Wir erschaffen bewusst den Inhalt der Vergangenheit von neuem, indem wir uns seiner bewusst werden und zulassen, dass wir ihn integrieren können, das heißt, wir erlauben, dass er verschwinden kann, sich auflösen, damit wir unseren inneren Raum wieder erobern können – den reinen Tisch im Innern –, den unseres wahren Seins. Wir gelangen regelrecht von einem Zustand, in dem wir zu viel wissen, der Art und Weise ausgeliefert sind, wie unserem »Wissen« nach die Wirklichkeit beschaffen ist – in einen Zustand der Offenheit und des Nichtwissens – einen Zustand des reinen Bereitseins. Wobei wir die rasant auf uns zubrausenden neuen Ereignisse nicht vorab beurteilen, indem wir ihnen alte Muster des Denkens und Fühlens überstülpen, sondern bereit sind, uns aus einem frischen Blickwinkel in neue Umstände hineinzubegeben, mit dem einzigen Wissen, das wirklich zählt: Dass wir, was auch geschieht, immer die Schöpfer des Kontexts sind, in dem es sich abspielt.

Es gibt einen koreanischen Zenmeister namens Seung Sahn (der koreanische Zen trägt den Namen Chogye), dessen gesamte Lehre darauf basiert, was er als »Ich-weiß-nicht-Geist« bezeichnet. Er versucht für den Schüler Situationen zu schaffen, bei denen er sich der Erfahrung aussetzen muss, absolut nicht mehr weiter zu wissen – bis ins Mark die Wirklichkeit zu erfahren, dass er nicht weiß – und unmittelbar in dieser Erfahrung des Nicht-Wissens liegt ein tiefgreifendes Erlebnis, ein Aufwachen! Durch unser Nichtbegreifen, durch die Tatsache, dass wir unsere mentalen Muster nicht vom Geist Besitz ergreifen lassen, erleben wir ein jähes Erwachen unmittelbar in unserer Erfahrung des Nichtwissens. Das ist Erleuchtung – in Wirklichkeit die Erfahrung des höheren Selbst. Es geschieht vollkommen spontan. Und warum auch nicht? Schließlich steht den höheren Aspekten unserer Natur ja eigentlich nichts im Weg außer unseren gewohnheitsmäßigen Denkmustern und der blockierten Energie hinter ihnen.

Intention

Ist rundum alles bereinigt, oder hast du auch nur einmal flüchtig erfahren, was das für ein Gefühl ist – das heißt, erkennst du erst einmal, dass du ein unbeschriebenes Blatt bist, so wirst du die Möglichkeit, dass du deine eigene Wirklichkeit erschaffst, in aller Klarheit sehen. Nun ist die Frage, wie man in der Praxis seinen Kontext verändern und seine Identität umdefinieren kann. Der Schlüssel ist die Intention, die hundertprozentige Intention: Die bedingungslose Entschlossenheit, den ersehnten Wandel zu vollziehen, dich mit all deiner Kraft hinter deine Intention zu stellen, zu deklarieren, worin sie besteht, und ihr hundertprozentig den Rücken zu stärken.

Dadurch, dass du deine Kraft in deine Absichtserklärung hineingibst, entsteht das Fundament für deine Intention. Intention in diesem Sinne ist keine gewöhnliche Intention. Gewöhnlich tun wir Dinge gezielt auf eine halb unbewusste, ja sogar halbherzige Weise. Es ist Samstag Morgen, und ich habe eigentlich vor, zum Supermarkt zu gehen, um für das Abendessen einzukaufen. Dann aber ruft ein Freund an und schlägt vor, dass wir doch zum Bowling gehen könnten. Schon ändere ich mein Vorhaben. Die Intention, von der ich hier spreche, ist anderer Art. Es ist eine hundertprozentige Intention, eine Sache, bei der es um alles oder nichts geht. Entweder du bist ein spiritueller Meister, eine spirituelle Meisterin, oder du bist ein machtloses Opfer. Es gibt keine Position irgendwo dazwischen, kein »vielleicht stelle ich mir ja später, wenn mir danach ist, vor, ich bin ein spiritueller Meister«.

Jede Intention, die weniger als hundertprozentig ist, ist so gut wie null. Das hat de facto Auswirkungen nicht nur auf unsere Entwicklung als spirituelle Wesen, sondern auch auf die ganz praktische, gewöhnliche Intention. Ein Mensch mit einer neunundneunzigprozentigen Intention wird am Ende nicht das tun, was er als Vorhaben verkündet hatte. Sagen wir zum Beispiel, du hast beschlossen, abzunehmen. Du meinst, du willst wirklich fünfzehn Kilo von den Rippen bekommen. Also beschließt du, damit aufzuhören, Schokoriegel zu naschen und fettreiches Essen zu dir zu nehmen, und du willst auch mit regelmäßigem Training anfangen. Aber in entlegeneren Winkeln deines Gehirns bist du ganz schön süchtig nach Schokoriegeln, und du willst in Wirklichkeit deine Abende lieber damit verbringen, dir Basketballspiele im Fernsehen anzusehen, als in der Turnhalle Bälle in den Korb zu werfen. Du willst zwar abnehmen, aber deine Intention steht nicht hundertprozentig dahinter. Alle erdenklichen Gegenerwägungen und anderslautenden Wünsche sind noch in dir aktiv. Sobald sich also die Gelegenheit bietet, deine Diät abzubrechen oder einen Abend im Fitnessstudio auszulassen, kommt deine Intention, dein Vorsatz, ins Wanken. Bald hast du deine ursprüngliche Intention ziemlich vergessen, und du erlebst dich als Versager – du bist deinem Vorhaben untreu geworden. Nun fängst du an, nach allen erdenklichen Gründen zu suchen, warum es entweder völlig in Ordnung ist, dass du es nicht geschafft hast, oder du sagst, dass du ein hilfloses Opfer warst und »nicht anders konntest«. Der wahre Grund jedoch war einfach, dass deine Intention von Anfang an geteilt war. Wenn du deine Intention deklarierst, und sei es auch nur im Hinblick auf etwas so Praktisches wie das Abnehmen, und du tust es hundertprozentig, dann siehst du schon im Voraus die Schokoriegel und Basketballspiele, auf die du verzichten musst, um sie zu erfüllen. Du siehst es und sagst ja dazu. Wenn nun die »Versuchung« auftaucht, stellen sie keine Bedrohung dar. Du bleibst in Berührung mit deiner Intention und hast automatisch Erfolg mit deinem Vorhaben.

Es ist nur natürlich, dass immer dann, wenn du den festen Entschluss fasst, etwas zu tun – selbst wenn deine Intention dabei hundert Prozent beträgt –, dass deine gesamten anders gearteten Begierden in dir aufsteigen und dir plötzlich vor Augen stehen. Das trifft mit Sicherheit immer dann zu, wenn deine Intention die Verkörperung eines spirituellen Ideals darstellt. Alles in dir, was weniger rein ist als diese Intention, kann und wird dann aufsteigen, und dabei dient es dir als Beweis dafür, dass du deine Intention wohl besser aufgeben solltest. Jedes Mal, wenn du Stellung beziehst, jedes Mal, wenn du ein Vorhaben verkündest, das auf reinen und machtvollen Idealen basiert, kannst du darauf zählen, dass alles, was da sein mag, das weniger rein ist und an dem du noch festhältst – deine Zweifel und Zurückhaltung – immer noch deine Aufmerksamkeit auf sich lenken wird. Wenn nun dein Ideal als solches auf Beweisen basiert, wenn es sich auf das Denken der linken Gehirnhälfte stützt, dann werden all diese Zweifel dir Gegenbeweise präsentieren und dein Ideal zwangsläufig ins Wanken bringen. Deshalb muss deine Erklärung, dass du ein spiritueller Meister, eine spirituelle Meisterin bist, von einem Ort kommen, der jenseits der Beweise ist: Es ist so, weil du es sagst, weil du intuitiv vom innersten Kern deines Wesens her weißt, dass es wahr ist. Es stützt sich nicht auf Argumente oder Fakten. Wenn also Argumente oder Fakten auftauchen, die zu beweisen scheinen, dass du doch ein machtloses Opfer bist, und kein spiritueller Meister, keine spirituelle Meisterin, werden sie keine Gewalt über dich haben.

Unsere Haltung

Wie wird diese Intention in Handlungen umgesetzt? Durch unsere Haltung. In der Luftfahrt ist die Haltung des Tragflügels bei einem Flugzeug die Fluglage, die Neigung oder der Winkel, aufgrund derer das Flugzeug steigt oder sinkt. Ist die Haltung steil aufwärts gerichtet, so schwingt sich das Flugzeug in den Himmel. Ist sie steil abwärts gerichtet, steuert es in Richtung Boden. Über die Haltung der Tragflügel lenkt der Pilot das Flugzeug: Sie setzen seine Intention in Handlung um. Auf ähnliche Weise verwandelt unsere innere Haltung unsere Intention in unserem Leben und in unserer Welt der Handlungen. Haben wir die Haltung eines Opfers, so ist das, als würden wir körperlich und geistig jene Haltung einnehmen, die automatisch geneigt ist, den Umständen ausgeliefert zu sein. Wir atmen flach, wir lassen die Schultern nach vorne sinken, wir machen einen krummen Rücken, als befänden wir uns bereits halb im Grab. Haben wir die Einstellung eines spirituellen Meisters oder einer spirituellen Meisterin, so wird unsere Haltung gerade und in Balance sein. Wie ein aufsteigendes Flugzeug, wird sich unser Leben automatisch der Wirklichkeit höherer Dimensionen zuneigen, und wir werden unsere Fähigkeit erfahren, unsere Wirklichkeit bewusst nach unseren eigenen Wünschen zu bestimmen. In beiden Fällen folgt die Haltung der Intention, und deshalb ist die Wirklichkeit, die wir erfahren – das Ergebnis unserer Haltung – das Resultat unserer Gedanken und Gefühle. Denn unsere Haltung ist nichts anderes als der Ausdruck unserer gewohnheitsmäßigen Gedanken und Gefühle.

In der Haltung kommt eine Intention zum Ausdruck. Wenn unsere Intention den unerledigten Gedanken und Emotionen aus der Vergangenheit ausgeliefert ist, werden wir diesen unabgeschlossenen Dingen ausgeliefert sein. Warum sind es unabgeschlossene Dinge? Was ist an ihnen unerledigt? Nun, wenn etwas Intensives in unserem Leben auf uns einwirkt, so ist das so, als würden wir aus unserer Umgebung einen Energieschub bekommen. Oft geschieht das auf eine Weise, bei der wir nur noch versuchen können, uns vor dieser anstürmenden Gewalt zu schützen, indem wir die Muskeln anspannen und geistig in Abwehrstellung gehen. Wir bilden eine Haltung heraus, die dazu dienen soll, den Schlag zu parieren. Die Folge davon ist, dass die auf uns zukommende Energie gegen die harte, Widerstand bietende Oberfläche prallt, die wir in unserem Körper und unserem Geist geschaffen haben. Nun ist Energie aber immer wellenförmig. Sie ist unablässige Bewegung, die ihre eigene Intensität und ihr eigenes Maß hat. Energie lässt sich nicht zerstören. Sie lässt sich nicht aufhalten. Wenn man ein Hindernis aufstellt, das einer im Ansturm befindlichen Kraft wirksam den Weg versperren soll, so muss diese Kraft irgendwo hin. Besteht diese Barriere in unseren angespannten Muskeln, so gelangt die Energie in unsere Muskeln und setzt sich dort fest. Gleichzeitig setzen sich auch die Gedanken und Emotionen, die wir durchlebt haben, während wir uns vor dem Aufprall schützten, dort fest. Wir haben eine unabgeschlossene Intention – eine Einstellung –, die weiterhin mit der Energie verbunden ist, die dort in unserem Körper stecken blieb, wo wir unseren Schutzwall errichteten.

Eine Intention bleibt dann unabgeschlossen, wenn sie keine Chance hat, sich in dem Moment, in dem sie entsteht, voll und ganz auszudrücken. Sie bleibt etwa als eine generelle Wut oder Enttäuschung bestehen – ein unartikulierter Aufschrei angesichts des Unfassbaren, das uns zugefügt wird. Was sich also in unserem Körper festsetzt, ist

eine angefangene Geste, eine unvollendete Handlung in Verbindung mit einem nicht ausgedrückten Gedanken der absoluten Empörung. All das bleibt in unserem Körper und lässt einen unbewussten und unterdrückten Teil unseres Innenlebens entstehen. Gleichzeitig wird die Energie, werden die Gedanken und Emotionen, denen wir Widerstand bieten, genau durch die Kontraktion aufrecht erhalten, durch die wir uns ihnen entgegengestellt haben. Widerstand = Fortbestand. Wir verursachen den Fortbestand dessen, dem wir uns widersetzen.
Der Ursprung von Unterdrückung wie auch Widerstand ist im Grunde das Polaritätsbewusstsein, aber das Polaritätsbewusstsein ist etwas, das voll und ganz in uns selbst zu suchen ist. Wir selbst erzeugen es, als die Linse oder den Filter, durch den wir die Außenwelt wahrnehmen und der uns von ihr trennt. Was bringt uns dazu, den »Polaritätsfilter« zu verwenden anstatt das Einheitsbewusstsein? Eben diese unabgeschlossenen Dinge aus der Vergangenheit, die wir weiter aufrecht erhalten und die in Form festsitzender Energie in uns weiterleben. Betrachten wir uns diese unabgeschlossenen Dinge also etwas näher.

Das Geburtstrauma als unerledigtes Erlebnis

Bei unserer Geburt in die dreidimensionale Welt sind wir körperlich hilflose Wesen. Wir haben fast keine Kontrolle über unsere körperlichen Bewegungen. Im Mutterleib haben wir über den Körper unserer Mutter geatmet, und jetzt müssen wir lernen, alleine zu atmen. Wir werden in eine Welt hineingeworfen, die der Kontrolle der Erwachsenen unterliegt, die über eine Sprache verfügen und alle erdenklichen Arten und Weisen, eine Unmenge Dinge zu tun – und wir wissen und können nichts von alledem. Ohne die Hilfe dieser anderen Menschen haben wir keine Möglichkeit, uns selbst Nahrung zu beschaffen, uns vor den Gefahren der physischen Welt zu bewahren oder uns warm zu halten. Wir sind durch und durch unvollständig. Uns mangelt es an allem, was wir zum Überleben brauchen. Alles in uns ist nur darauf aus, am Leben zu bleiben.
Die erste Verwirrung, die wir erleben, wenn wir uns in der Welt der dritten Dimension wiederfinden, besteht darin, dass wir, obwohl wir multidimensionale, spirituelle Wesen sind, dem Trauma und Schock ausgeliefert sind, in eine dreidimensionale Menschenwelt hineingestoßen zu werden. Und wir identifizieren uns mit den Umständen, die wir dort erleben. Da diese Umstände beinhalten, dass wir unvollstän-

dige, abhängige Wesen sind, entwickeln wir das Gefühl, wir seien abhängig. Da diese Umstände von uns volle Ausrichtung auf das nackte Überleben verlangen, beginnt unser Geist zu glauben, seine einzige Funktion sei die, uns bei diesem Überleben behilflich zu sein. Überleben ist alles. Der Geist denkt, seine einzige Aufgabe sei die, das Überleben zu sichern, und nicht nur das: Der Geist sorgt sich um sein eigenes Überleben. Mit zunehmender Entwicklung bildet sich ein Ego heraus. Der Geist identifiziert sich schließlich mit seinen eigenen, begrenzten Vorstellungen und lernt sich zu verteidigen, indem er Vorstellungen und Meinungen, die sich von seinen eigenen unterscheiden, Widerstand bietet. Bei der Geburt ist der menschliche Geist ein multisensorischer Aufzeichnungsapparat von allem, was uns widerfährt. In ihm bleiben die Schmerzen gespeichert, die damit verbunden waren, auf die Welt zu kommen und die Frustration wegen all dem, was ihm widerfuhr, während sein Überleben von anderen abhing. Wir gelangen dazu, uns mit diesen traumatischen Spuren in unserem Geist zu identifizieren und diese Identifikation beizubehalten.
Die in unserer Gesellschaft praktizierten Verfahren, unseren Einlass in die Welt zu begleiten, verschlimmerten die Umstände unserer Geburt noch erheblich. Wir Erwachsene sollten darauf bedacht sein, dem Neugeborenen zu zeigen, dass die Welt da draußen sicher und ein spannender Ort ist, und dass es sich in diese Welt harmonisch einfügen kann. Was tut man statt dessen? Stress. Statt dem Säugling Raum zu geben für einen allmählichen Übergang vom vorgeburtlichen Atmen zum direkten Atmen über die Lunge, zwingt man ihn mit Gewalt, plötzlich zu atmen, indem man seine Nabelschnur durchtrennt und ihm auf das Hinterteil schlägt, so dass sein erster Schrei blankes Schreckensgeheul wird. Statt dass man den neuen Menschen liebevoll-fürsorglich willkommen heißt und in seinem eigenen Tempo auf die Welt kommen lässt, wieselt ungeduldiges Krankenhauspersonal um ihn herum, das ihn mit gefühllosen Zangen aus dem Mutterleib zerrt, und wenn er nicht schnell genug herauskommt, wird ein Kaiserschnitt vorgenommen, bei dem er aus dem Bauch seiner Mutter herausgerissen wird. Diese anfänglichen Erlebnisse hinterlassen Narben in uns. Die Einzelheiten und Heftigkeit dieser Erfahrung variieren von Person zu Person, doch wir alle tragen die energetischen Spuren des Terrors und der Gewalt in uns, die unsere Ankunft auf der Welt begleiteten. Sie finden sich als Bodensatz unseres Geistes, und da wir unweigerlich aus

dem Inhalt unseres Geistes unsere Welt erschaffen, ist es kein Wunder, dass unsere Welt voller Ignoranz, Terror und Gewalt ist.
Die Energie des traumatischen Geburtserlebnisses ist nichts, was wir zum Zeitpunkt unserer Geburt assimilieren und integrieren können. Denn dazu bräuchten wir ein Verständnisvermögen und eine Intelligenz, die wir unter den Bedingungen auf der dritten Dimension erst als Erwachsene haben. Die Folge davon ist, dass die Energie in den Fasern unseres Körpers festsitzt, und die unabgeschlossenen Gedanken, die sie begleiten, bleiben in uns, und klingen in unserem späteren Leben wie ein Echo immer wieder nach.
Dieses Echo ertönt dann in uns, wenn Umstände aufkommen, die uns auf irgendeine Weise an die erinnern, unter denen es entstand. Die Stimme des Gynäkologen, die Krankenhausgerüche, das Gefühl, wie kalte, gefühllose, übereifrige Expertenhände mit uns hantieren – ja sogar Äußerungen des Krankenhauspersonals oder anderer, die bei unserer Geburt dabei waren –, prägen sich uns fest ein. Und wenn im späteren Leben Gerüche oder Stimmen oder Worte auftauchen, die dem entsprechen, so werden die traumatischen Energien unserer Geburt wieder wach und richten in unserem Gefühlsleben verheerenden Schaden an. Solange wir uns unbewusst mit diesen unterdrückten Emotionen identifizieren und solange die blockierte Energie des Geburtstraumas in unserem Körper eingeschlossen bleibt, werden wir sehr offensichtliche Beweise dafür erleben, dass wir vollkommen unserem Unterbewusstsein ausgeliefert sind.
Um unser höheres Selbst wieder zu erlangen und unseren Geist von seiner Identifizierung mit den einschränkenden Umständen seiner Geburt in die dritte Dimension zu befreien, muss die Energie freigesetzt werden, die während dieser traumatischen Ereignisse geweckt wurde. Die Atemtechnik des Rebirthing ist so konzipiert, dass diese Energie frei wird und der Geist deshalb von den Gedankenformen befreit wird, die in der Ignoranz unseres gewaltsamen Einstiegs entstanden.

Unvollständiges aus früheren Leben

Als spirituelle Wesen sind wir nicht erst mit unserer Geburt ins Dasein gelangt. Wir haben vor diesem Leben viele weitere Leben unter gar nicht so anderen Bedingungen in der dritten Dimension verbracht. Wir haben schon viele Male gelebt, und wir sind viele Male gestorben. Und sehr oft war unter den Umständen, unter denen wir aus unseren vorherigen Leben schieden, viele weitere Arten von Unabgeschlossenem: unerledigte emotionale Reaktionen, unerledigte Beziehungen und unerledigte Intentionen. Sofern wir eines gewaltsamen Todes gestorben sind, hatten das Grauen und die Wut, die mit dem Tod einhergingen, keine Chance, zum Abschluss zu kommen. Eine Emotion ist eine Welle von Energie, und wenn unser Lebensfaden abgeschnitten wird, während wir in einem Zustand emotionalen Aufruhrs sind, so bleibt die Intensität dieser Welle in unserem Sein gespeichert. Sind wir in Wut gestorben, so wird diese Wut sich in unserem künftigen Dasein fortsetzen. Sind wir während eines ungelösten Streits gestorben, so tragen wir den Gefühlseindruck dieser unabgeschlossenen Beziehung mit uns herum. Ebenso wie sich die von unserem Geburtstrauma herrührende Energie in unserem Gewebe festsetzt und solange unterdrückt bleibt, bis wir sie freisetzen, so leben auch diese unerledigten Dinge aus früheren Leben in uns fort.

Auch wenn wir uns intensiv vorgenommen hatten, etwas Bestimmtes zu erreichen, und wir sind gestorben, ohne es vollenden zu können, so beeinflusst uns die Energie dieser Intention solange, bis wir sie umsetzen.

Unvollständiges aus der Kindheit

Da wir als menschliche Wesen, die in der dritten Dimension leben, viele Jahre brauchen, um heranzureifen, haben die frühen Jahre unseres Lebens großen Einfluss, wenn es darum geht, Einstellungen, Gedanken und Muster herauszubilden, die uns im späteren Leben beeinflussen. Auf die gleiche Weise, wie das Geburtstrauma Energie in unseren Zellen einfriert und unabgeschlossene Emotionen, Beziehungen und Intentionen weiterhin Druck auf unser aktuelles Leben ausüben, so bestehen unerledigte Emotionen und Intentionen aus der Kindheit als festsitzende Energie in uns fort.

Der Mechanismus, über den sich Energie in unseren Zellen festsetzt, ist die Steuerung unseres Atems. Das funktioniert folgendermaßen: Wenn wir eine starke Emotion verspüren, erhält der Körper das Kommando, Energie freizusetzen. Sagen wir, du gehst die Straße entlang, und dann stehst du vor deiner Haustür und willst sie gerade aufschließen, da setzt dir ein Straßenräuber ein Messer an den Rücken und verlangt deine Geldbörse oder Brieftasche. Sofort schießt dein Puls auf hundertachtzig: Instinktiv willst du kämpfen oder davonlau-

fen. Deine Adrenalindrüsen pumpen dir Hormone ins Blut, um Energie zu mobilisieren. Ist die Energie aufgebaut, brauchst du Sauerstoff für den Verbrennungsvorgang. Du musst atmen. Aber sagen wir, du läufst in diesem Fall nicht davon. Du siehst das aufgeklappte Taschenmesser des Überfalltäters, du spürst seine Gewaltbereitschaft. Du bist starr vor Schreck. Du spürst, wie sich Beklemmung um deinen Brustkorb legt. Du spannst die Muskulatur an, um den Impuls, zu kämpfen oder zu fliehen, zu unterdrücken, und dazu hältst du zusätzlich den Atem an.
Was in diesem Fall extremer Bedrohung geschieht, ereignet sich auf eine weniger heftige Weise immer dann, wenn du irgendeine Form von Gefühlsregung verspürst und sie nicht sofort zum Ausdruck bringst. Deine Muskeln blockieren den Handlungsimpuls; du hältst kaum merklich die Luft an, um die Freisetzung von Energie zu bremsen. Dein Körper und deine Psyche speichern die energetischen Spuren dieser Ereignisse, bei denen du dich sperrst, dich anspannst und etwas unterdrückst. Tauchen Umstände auf, die denen ähnlich sind, die diese Energie wachriefen, so hat die festsitzende Energie eine Chance, zum Vorschein zu kommen. Also musst du wieder die Luft anhalten und deine Muskeln anspannen. Im Laufe der Zeit werden dir diese Bemühungen, deinen Atemrhythmus zu steuern, zur Gewohnheit. Dein Atem wird flach, deine Handlungen unwirksam und zögerlich.

Widerstand = Fortbestand

Auf lange Sicht betrachtet funktioniert das Unterdrücken nicht. Es ist eine Form von Widerstand, und Widerstand nährt immer den Fortbestand dessen, wogegen wir uns sperren. Oft werden wir buchstäblich zu dem, was wir von uns fortzuschieben versuchen. Hier ein Beispiel: Viele junge Leute beschließen, dass sie nie so werden wollen wie ihre Eltern. Aber es ist nur natürlich, einige Merkmale der Menschen anzunehmen, mit denen wir zusammenleben, also erfordert der Vorsatz, nicht so zu werden wie unsere Eltern, Widerstand. Widerstand erfordert Energie. Uns dagegen zu sperren, so zu werden wie unsere Mutter oder unser Vater, erzeugt eine Gegenkraft, die perfekt auf die Wesenszüge abgestimmt ist, die wir uns vom Leib zu halten versuchen. Diese Eigenschaften werden gerade durch die Tatsache, dass wir all diese zielgerichtete Energie aufbringen müssen, um ihre Entstehung zu vermeiden, zu einem Teil von uns. In diesem Sinne haben wir also für das

Fortbestehen der Persönlichkeit unserer Eltern gesorgt, indem wir uns dagegen sperrten.

In der Regel bilden sich diese starken, aus Widerstand geborenen Entschlüsse aus, solange wir jung sind, und dann vergessen wir sie mehr oder weniger. Nichtsdestoweniger bleiben sie als unbewusstes Inventar in unserem Kopf bestehen. Wenn wir heranwachsen und Freundschaften und Bündnisse mit anderen schließen, beginnt dieses unbewusste Inventar zu wirken. Obwohl es für uns Wesensmerkmale repräsentiert, die wir nicht mögen, ist es uns dennoch sehr vertraut und zu einem Teil unserer selbst geworden, und es zieht uns ganz automatisch zu Menschen hin, die diese Eigenschaften ebenfalls aufweisen. Plötzlich merken wir, dass wir Freunde oder gute Bekannte oder sogar einen Mann oder eine Frau haben, die genau diese Persönlichkeitsmerkmale besitzen, bei denen wir uns so vehement geschworen haben, wir wollten nie etwas mit ihnen zu tun haben. So hat bei diesem zweiten Beispiel unser Widerstand zum Fortbestand von genau dem in unserem Leben geführt, was wir zu vermeiden gesucht hatten.

Wenn wir uns gegen diese Züge gar nicht erst sperren würden, würden wir uns einige davon ganz natürlich in einer Form aneignen, die durch unsere eigene Persönlichkeit modifiziert ist. Würden sie dann bei uns wiederkehren, so wären sie nicht mehr Wesenzüge unserer Eltern, sondern unsere eigenen. Noch viel häufiger jedoch würden sie sich verändern und zu etwas anderem werden, sich einfach in unsere eigene Lebensgeschichte hinein auflösen. Um es noch einmal zu sagen: Widerstand sorgt für Fortbestand.

Im Allgemeinen sind Vermeidung und Leugnung, das heißt eine Unterdrückung der unbeendigten Dinge aus unserer Vergangenheit, Formen des Widerstands. Haben wir uns erst einmal gegen sie gesperrt, so leben sie im Körper als die festsitzende Energie weiter und können emotionale Störungen hervorrufen. Vielleicht gelingt es in Zeiten, in denen im Leben alles seinen normalem Gang geht, die unerledigten Dinge aus der Vergangenheit zu unterdrücken, ohne dass übergebührlicher Stress oder emotionale Störungen entstehen. Aber heute trifft das nicht mehr zu. Wir leben in einer schnelllebigeren Zeit. Eine der Folgen davon, dass die Sirianer beschlossen, die Evolution des Planeten (siehe Teil III) zu beschleunigen, um uns durch die Schwierigkeiten mit der Sonneneruption in 1972 hindurch zu schleusen, ist die Tatsache, dass wir uns alle in einem unglaublichen Tempo weiterentwickeln. Das bedeutet eine enorme Menge an schöpferischer Energie, die uns zur Verfügung steht und unseren Organismus durchflutet, um gestaute Energie in unserem Körper aufzuwirbeln. Es ist schlichtweg unmöglich, diese Energie zu unterdrücken. Alles, was in uns ist, wird zwangsläufig herauskommen, und wenn wir uns weiter dagegen sperren, tun wir das auf eigene Gefahr.

Ein Umfeld der Sicherheit und des Vertrauens

Wenn wir im Hinblick auf unsere Identität umdenken und verkünden, dass wir spirituelle Wesen sind und dabei nicht länger in Kategorien wie gut und böse oder richtig und falsch denken, weitet sich unser innerer Raum, und er schließt das mit ein, was von uns zuvor durch Unterdrückung ausgeschlossen wurde. Genau dieses dualistische Denken ermöglicht überhaupt erst den Ausschluss, die Unterdrückung und Verkennung unserer wahren Natur. Sicherheit und Vertrauen können sich nur auf der Basis einstellen, dass du dich selbst als ein spirituelles Wesen deklarierst, das heißt, durch Veränderung deines Kontexts und intuitive Verschiebung deiner Identität. Wenn du diesen Wandel vollziehst, ist kein Unterdrücken mehr nötig. Du hast hinreichend Raum, um mit allem, was deinen Weg kreuzt, innerlich wie äußerlich, umzugehen, da du nicht mehr in einer Haltung feststeckst, die dich dazu bringt, Dinge als gut und schlecht einzustufen.

Das Polaritätsbewusstsein leitet sich von einem Kontext der Unterdrückung, des Widerstands und der Ignoranz her und nährt all das gleichzeitig. Ein solcher Kontext bedeutet, dass wir uns ständig in einem Zustand der Angst befinden, denn natürlich machen wir uns Gedanken, dass das, was sich in uns oder um uns herum abspielt, schädlich, falsch oder schlecht sein könnte. Immer wenn die Angst die Oberhand gewinnt, verkrampfst du dich innerlich, und diese Enge bewirkt mehr Widerstand, so dass du dich einfach immer weiter im Kreis drehst – in einem Teufelskreis. Nichts kann diesen Kreis durchbrechen als deine Entscheidung – deine hundertprozentige Intention –, aus alldem herauszutreten: Dich als jemand zu deklarieren, der bereits jetzt ein spirituelles Wesen ist und der seiner inneren Natur nach eine leere Schreibtafel ist, in die du einen neuen Kontext – einen Kontext der Sicherheit und des Vertrauens einritzen kannst. Nun ist der Kreis kein Teufelskreis mehr, und alles, was du erlebst, trägt lediglich zu deiner weiteren Evolution bei.

Die Alternative zum Unterdrücken ist das entsprechende Gewahrsein und Verständnis, das es dir, wenn sich die Evolution beschleunigt, erlaubt, Dinge mit einzubeziehen oder einfach auf dich wirken zu lassen, denen du zuvor aus dem Weg gegangen bist. Und wenn du das einbeziehen kannst, wogegen du dich zuvor gesperrt hast, öffnest du dich automatisch für das größere Ganze, statt dass sich bei der Konfrontation damit alles in dir vor Angst zusammenzieht. Und wenn du bei der Begegnung mit dem größeren Ganzen offen bist, kannst du das neu erschaffen, gegen das du ursprünglich Widerstände aufgebaut hast. Immer wenn du etwas Unvollständiges neu erschaffst, wird es sich ganz natürlich erledigen und verschwinden. Mit Neu-Erschaffen meine ich, das Unterdrückte ans Licht kommen zu lassen. Das Neu-Erschaffen ermöglicht dir also, das, wogegen du dich einmal gesperrt hast, gründlich zu erfahren. Wenn du Widerstand leistest, sicherst du den Fortbestand des Ganzen. Wenn du dich weitest, um das neu zu erschaffen und einzubeziehen, wogegen du dich einmal gesperrt hast und es gründlich durchlebst, wird der unterdrückte Inhalt integriert und verschwindet schließlich. Die festsitzende Energie, zu der er zuvor geworden war, löst sich auf und wird in das größere Ganze integriert.

Prana und Zirbeldrüse

Der Rebirthing-Prozess erleichtert diesen Prozess. Ich habe ja bereits erwähnt, dass man Sauerstoff braucht, um Energie zu verarbeiten, wenn äußerlich oder innerlich Emotionen erregt werden. Eigentlich hat die Energie des Atems noch einen weiteren Aspekt, der über diese gewöhnliche, der dritten Dimension angehörende Erleichterung der physischen und emotionalen Verarbeitung hinausgeht. Nämlich den des Prana.

Prana ist eine besondere Energie, die mit Luft und Atem in Verbindung steht. Er ist sozusagen wie ein innerer Bestandteil der Luft, die wir atmen, und spielt eine besondere Rolle in Verbindung mit dem höheren Bewusstsein. Wenn wir richtig atmen, nehmen wir nicht nur gewöhnlichen Sauerstoff in uns auf, sondern wir absorbieren gleichzeitig durch eine besondere Röhre, die durch die Mitte unseres Körpers verläuft, Prana. Die Pranaröhre reicht bei einem stehenden Menschen von ungefähr einer Handlänge unter den Fußsohlen bis zu einer Handlänge über dem Kopf. Bildet man mit Daumen und Mittelfinger einen Kreis, so ergibt der Durchmesser des Kreises den Durchmesser dieser Röhre. Entsprechendes Atmen zieht Prana von beiden Enden der Röhre ein, so dass er durch die Zirbeldrüse in der Mitte des Kopfes fließt und sich in unseren Chakras sammelt. Prana ist der energetische Aspekt des multidimensionalen Bewusstseins, und ihn in unsere Chakras aufzunehmen und durch unsere Zirbeldrüse zirkulieren zu lassen, ist mit ein zentraler Faktor dabei, die Einheit allen Lebens überall zu erfahren. Die Pranaatmung hörte auf, als Atlantis unterging.

Bis vor gar nicht langer Zeit behandelte man die Zirbeldrüse unter Biologen als rudimentäres Organ – ein Organ, von dem keine gegenwärtige Funktion bekannt ist. Die heutigen Biologen haben herausgefunden, dass die Zirbeldrüse auf Licht reagiert und dass sie in der regulären Physiologie eine ganze Reihe von Funtionen hat. Aber die Zirbeldrüse ist noch viel mehr als ein aktives physisches Organ. Die erweckte Zirbeldrüse ist wie ein sich öffnendes Auge zur Wirklichkeit höherer Dimensionen. Über sie erfolgt der Kontakt mit dem neuen Christusbewusstsein und dem dazugehörigen Raster, das den Planeten energetisiert und seiner Wiedergeburt auf der fünften Dimension entgegenführt. Wenn wir durch die Pranaröhre atmen und die Zirbeldrüse aktivieren, so erfahren wir Einheit; wenn wir nicht auf diese Weise atmen, erfahren wir Trennung – wir erleben die Tatsache, nicht auf diese Weise zu atmen, also hautnah als ein Getrenntsein oder ein Polaritätsbewusstsein.

Der Zweck der Atemübungen, die in *Zurück in unsere Zukunft* und *Die Wurzeln der Zukunft...* beschrieben werden, war einfach der, unseren Zugang zum Prana wieder herzustellen, die Zirbeldrüse wieder zu erwecken und von neuem das Gewahrsein höherer Dimensionen entstehen zu lassen.

Beim Rebirthing wirkt der Prana, wenn er durch die Zirbeldrüse strömt, als innerer Reinigungsmechanismus. Mit der Beschleunigung der Evolution werden unentwegt enorme Mengen Energie durch uns gespült, und vieles davon wandert in unseren Organismus, selbst wenn wir nicht so weit sind, diese Energien aufzunehmen. Die einströmende Energie stimuliert die Energie, die in unserem Unbewusstsein festsitzt und trägt, wenn wir uns gegen sie sperren, zu einem emotionalen Ungleichgewicht bei. Sind wir aber vorbereitet, das heißt haben wir ein Umfeld des Gewahrseins, Verstehens, der Sicherheit und des Vertrauens geschaffen, so dass wir offen sind für das, was sich hier abspielt und uns ihm nicht zu verschließen brauchen, so löst der Prana, der durch unseren Körper strömt, einfach nur eine Verschiebung aus und bewirkt, dass uns die unabgeschlossenen Dinge aus der Vergangenheit Schicht für Schicht in unser Bewusstsein dringen. Hierbei kann einem der Inhalt dieser unabgeschlossenen Dinge bewusst werden oder auch nicht. Man kann die Freisetzung der Energie in Form von Tränen und Trauer, Ausgelassenheit und Freude, Ärger und Wut spüren, oder man gelangt in einen hyperdimensionalen Bewusstseinszustand und erlebt, wie reine Energie sich im eigenen Körper und Bewusstsein ausbreitet. Spontan können Erinnerungen an Inhalte aufsteigen, mit denen wir noch nicht abgeschlossen haben: Erinnerungen an traumatische Erlebnisse oder Episoden aus früheren Leben, oder an das Szenarium bei deiner Geburt beziehungsweise Szenen aus deiner Kindheit. Oder du entdeckst Wünsche, ein Verlangen, Ideen oder Intentionen wieder, die du unbewusst in dir getragen hast, ohne es wahrzunehmen. Es kann alles hier Erwähnte geschehen oder nur Einiges davon. Der Inhalt dieser unerledigten Dinge ist weniger wichtig als die Freisetzung der Energie hinter ihnen. Doch in jedem Fall musst du im Grunde lediglich offen bleiben, so dass Raum dafür entsteht, dass die Energie in dir aufsteigen kann und du sie durch dich hindurchströmen fühlst.

Worauf es ankommt, ist, dass du zulässt, lange genug bei dem zu verweilen, was aufsteigt, und jede Schicht gründlich zu erfahren. Das gründliche Durchleben des dabei Aktivierten ist die Neuerschaffung der ursprünglichen, unterdrückten Erfahrung. Die Neuerschaffung dieser unterdrückten Erfahrung ermöglicht es, dass dieses Erlebnis zu einem natürlichen Abschluss kommt und schließlich ganz verschwindet und sich in das größere Ganze integriert.

Wenn etwas integriert wird, stellst du dich ihm nicht mehr entgegen – oder, anders ausgedrückt: Wenn du dich etwas nicht mehr entgegen stellst, wird es spontan integriert. Du bist innerlich weiter geworden, so dass du es jetzt mit einbeziehst, wodurch es zu deinem Wohl und dem Wohl allen Lebens überall beitragen kann.

Die Essenz des Rebirthing ist Folgendes: Indem wir auf direktem Weg Prana in uns aufnehmen, schwemmen wir blockierte Energie von Unabgeschlossenem aus der Vergangenheit aus und integrieren das, was wir zuvor unterdrückt hatten. Da Unterdrückung auf einem Polaritätsbewusstsein basiert – wir unterdrücken, was wir als schlecht einstufen und erlauben uns nur das bewusst wahrzunehmen, was wir für gut halten –, führt uns der Rebirthing-Prozess automatisch von der

Polarität zur Einheit. Wir fällen keine abschätzigen Urteile mehr über den »Kram«, den wir mit uns herumschleppen, sondern lassen alles heraus – Gutes und Schlechtes, Angenehmes oder Unangenehmes, damit es integriert werden und im umfassenderen Ganzen verschwinden kann. Die Tatsache, dass wir im Rebirthing alles heraus lassen, dürfte jedoch Warnung genug sein, dass das Rebirthing, anders als viele »New-Age«-Wochenendworkshops, kein vorübergehendes »Highsein« beschert. Ein Rebirthing-Wochenende unterscheidet sich stark von Prozessen, die dir zwar durchaus dazu verhelfen können, einen Gemütszustand zu erleben, der an sich recht positiv ist, aber nicht garantiert, dass du ein paar Tage oder Wochen nach dem Workshop nicht wieder dort stehst, wo du angefangen hattest oder noch Schlimmeres – und du bist am Ende deprimiert, weil du Dinge wieder verloren hast, die du schon erreicht glaubtest, und du hast keine Ahnung, wie du dorthin zurück finden sollst. Was im Rebirthing in dir aufsteigt, kann positiv oder negativ sein. Es kann schmerzhaft oder freudvoll sein, faszinierend oder beängstigend. Was du letztlich erfährst, auf die eine oder andere Weise, ist nur die Hälfte hierbei. Die andere besteht darin, dass du durch das Durchlaufen des Rebirthing-Prozesses den Kontext deines Erlebens verändert hast, von Polarität zur Einheit, und somit darauf vorbereitet bist, mit dem zu arbeiten, was in dir ist. Egal was es sein mag.

TEIL 3

Die Einmaligkeit der heutigen Zeit

Der Untergang von Atlantis

Wir erreichen derzeit das Ende eines immensen historischen Zeitraums. Die derzeitige Epoche des menschlichen Lebens auf der Erde begann vor dreizehntausend Jahren, als die Magnet- und Schwerkraftpole sich verschoben, und der Kontinent Atlantis im Meer versank. Das war das Ende einer ganzen Kette von Problemen, die im Grunde dreitausend Jahre zuvor begonnen hatten. Damals prallte ein enormer Komet dort auf die Erde, wo sich heute Charleston in South Carolina befindet.

Die Probleme gingen auf die Marsbewohner zurück, die mehr als fünfzigtausend Jahre lang auf Atlantis unter uns gelebt hatten, mehr oder weniger friedlich, bis nach dem Aufprall des Kometen eine Koexistenz zwischen den beiden Rassen – Menschen und Marsbewohnern – nicht mehr möglich war.

Die Marsianer waren in der Frühzeit der atlantischen Geschichte (vor etwa fünfundsechzigtausend Jahren) als ungebetene Gäste nach Atlantis gekommen und hatten sich – meist als Minderheit abseits der sonstigen atlantischen Bevölkerung und oft uneins mit ihr – dort niedergelassen. Sie hatten eine hochgradig überentwickelte linke Gehirnhälfte und so gut wie keine rechte. Von daher waren sie intellektuell und technisch zu enormen Meisterleistungen imstande – sie verstanden sich darauf, die externe *Merkaba* zu erzeugen und mit ihr zu arbeiten und waren mit ihrer Hilfe überhaupt erst nach Atlantis gekommen. Emotional und in Sachen Intuition waren die Marsabkömmlinge jedoch völlig unterentwickelt. Die restlichen Einwohner von Atlantis waren im Gegensatz hierzu intuitiv hoch entwickelt und sträubten sich sehr, mit rein äußerlichen technischen Mitteln in den Gang der Geschichte einzugreifen. Konflikte zwischen den Marsianern und dem Rest der atlantischen Einwohner waren in ihrer langen Geschichte immer wieder entstanden, aber nun, wo man wusste, dass der Kontinent durch einen herannahenden Kometen bedroht war, zeichneten sich zwei vollkommen unvereinbare Ansätze ab, dieser Gefahr zu begegnen. Die Marsabkömmlinge wollten den Kometen mit Hilfe ihrer Technik in die Luft jagen. Die Menschen wollten die Katastrophen als höhere Gewalt, als Gottesurteil hinnehmen. Die menschliche Mehrheit siegte, und so ließ man zu, dass der Komet auf die Erde prallte. Dieser jedoch landete genau auf dem Teil des Kontinents, den die Marsianer bewohnten. Von diesem Moment an weigerten sich die Marsianer, weiter mit der Menschheit zu kooperieren – eine Kooperation,

die für sie eine Farce war. Sie beschlossen, unter Anwendung der externen *Merkaba*, mit deren Hilfe sie überhaupt erst auf die Erde gekommen waren, die Kontrolle über den Erdball und seine unzuverlässigen menschlichen Bewohner an sich zu reißen.
Das Einzige, was sie damit erreichten, war, dass sie ein Chaos im Dimensionensystem des Planeten anrichteten. Das erzeugte einen Riss im Energiefeld der Erde, durch den niedere Wesen aus anderen Dimensionen angesaugt wurden, die das spirituelle Leben auf der Erde verkomplizierten und in Verwirrung stürzten. Als es zur Verschiebung des Schwerkraft- und Magnetpols kam und die dimensionale Ebene des Planeten auf das Niveau der dritten Dimension abstürzte, setzten sich die Störungen, die mit der marsianischen Katastrophe entstanden waren, in anderer Gestalt fort. Der Konflikt zwischen Mensch und Marsbewohner hat mit Unerledigtem aus unserer Vergangenheit zu tun, das wir die ganzen letzten dreizehntausend Jahre mit uns herumgeschleppt haben.

Die Präzession der Tagundnachtgleichen

Obwohl all das aus dem Blickwinkel unseres heutigen Bewusstseins wie eine Kette historischer Unglücksfälle wirkt, birgt sich in dieser Geschichte noch eine tiefere Wahrheit. Die historische Zeit der Größenordnung, um die es hier geht, wird von gigantischen astronomisch-astrologischen Zyklen regiert. Diese wiederum orchestrieren und organisieren die Evolution des Bewusstseins unseres Planeten. Die Ereignisse auf Atlantis korrespondieren exakt mit den Bewegungsabläufen dieser kosmischen Muster.
Was gängigerweise als das Wassermann-Zeitalter bezeichnet wird – der Zeitraum der Geschichte, in den wir uns derzeit hineinbewegen –, hängt mit eben diesen kosmischen Zyklen zusammen. Der Zyklus, auf den es uns hier ankommt, wird als »Präzession der Äquinoxe« bezeichnet. Die »Äquinoxe« oder »Tagundnachtgleichen« sind Punkte im Jahreskalender, an denen Nacht und Tag gleich lang sind. Derzeit ist das alljährlich um den 21. März und 21. September der Fall, dem Frühlingsanfang und Herbstanfang der nördlichen Hemisphäre. Wer sich ein wenig mit Astrologie auskennt, weiß, dass diese Zeichen dem Beginn des Tierkreiszeichens Widder (März) beziehungsweise Waage (September) entsprechen. Was bedeutet das astronomisch gesehen? Nun, die Tierkreiszeichen sind Konstellationen entlang eines Streifens

am Himmel, der »Ekliptik« genannt wird. Die Planeten, wie auch Sonne und Mond, bewegen sich scheinbar genau diese Bahn entlang. Wenn es in der Astrologie zum Beispiel heißt, der Planet Merkur stünde »in« der Jungfrau, so bedeutet das, dass das Sternbild Jungfrau den Hintergrund abgibt, vor dem sich der Merkur gerade zeigt. Obwohl man das Sternbild während des Tages ja nicht sehen kann, steht auch die Sonne vor dem Hintergrund der Ekliptik. Wenn wir sagen, dass der 21. März der Beginn des Sternzeichens Widder ist, so würde man denken, das heißt, dass das Sternbild, das sich an diesem Datum hinter der Sonne befindet, der Widder sein dürfte. Aber so ist es nicht. Hier kommt nämlich die Präzession der Äquinoxe ins Spiel. Aufgrund einer Schrägneigung der Erdachse scheint sich die exakte Position der Sonne im Verhältnis zur Ekliptik alle zweitausendeinhundertsechzig Jahre um zirka ein Sternbild zu verschieben. Zu dem Zeitpunkt, als man das heute gebräuchliche astrologische System erstmals schriftlich aufzeichnete, stand die Sonne tatsächlich im Widder, in den letzten zweitausend Jahren jedoch stand sie in Wirklichkeit im Sternzeichen Fische und ist derzeit im Begriff, zum Sternzeichen Wassermann weiter zu wandern – von daher der Name für das »New Age«, das neue Zeitalter: »Wassermannzeitalter«.

Nun dauert es etwa fünfundwanzigtausendneunhundertzwanzig Jahre, bis die Präzession der Tagundnachtgleichen einen Zyklus komplett durchlaufen hat, das heißt, bis die Äquinoxe durch alle zwölf Zeichen des Tierkreises »eine Präzession aufweisen«, sie rückwärts durchwandern. Dieser gigantische Zyklus, mitunter auch als ein »Großes Jahr« bezeichnet, entscheidet über die Grundmerkmale der jeweiligen historischen Zeiträume. Mit den Tierkreiszeichen ändern sich kulturelle Muster und Werte. Der Zyklus in seiner Gesamtheit orchestriert ein Pulsieren in der Bewusstseinsebene des Planeten. Während einer Hälfte des Zyklus' erweitert sich das Gewahrsein/Bewusstsein des Planeten. Während der anderen Hälfte nimmt es ab.

Es gibt zwei Punkte im Großen Jahr, wo die eintretenden Veränderungen weit über Veränderungen in den kulturellen Werten hinausgehen. An solchen Punkten durchläuft die Erde eine immense energetische Transformation, und es kann zu Verschiebungen im Hinblick auf die dimensionale Ebene kommen. Die Evolution des Planeten als solche ereignet sich auf dieser Ebene, und diese beiden besonderen Punkte sind kritische Punkte, an denen die zentralen evolutionären Veränderungen stattfinden. Die beiden besonderen Punkte in diesem Zyklus befinden sich unmittelbar vor dem Punkt in der Mitte und unmittelbar vor dem Beginn eines neuen Zyklus'. Dass der Zyklus des Großen Jahrs in seiner Gesamtheit fünfundwanzigtausendneunhundertzwanzig Jahre in Anspruch nimmt, zeigt, wie bedeutsam die Tatsache ist, dass es vor dreizehntausend Jahren zum Untergang von Atlantis kam. Die atlantische Katastrophe trat nämlich genau an dem kritischen Punkt in diesem Zyklus ein, an dem das Bewusstsein einen Punkt der maximalen Wachheit erreicht hatte. Nach dem Untergang ging es mit dem Geist des Planeten wie auch seiner menschlichen Bewohner, die Träger dieses Geistes waren, steil bergab. Heute haben wir den Nadir, den allerdunkelsten Punkt erreicht, und befinden uns an der Stelle, wo das Gewahrsein wiederzukehren beginnt.

Erdveränderungen

Im Allgemeinen werden die Krisenpunkte von verheerenden Veränderungen im Hinblick auf die physischen Bedingungen auf der Erde begleitet. Es kommt zu Veränderungen der Schwerkraftachse der Erde sowie zu einer Verlagerung ihres Magnetfeldes. Die Veränderungen der Schwerkraftverhältnisse rufen Eiszeiten, Überschwemmungen, Erdbeben und andere geologische Störungen hervor. Die magnetischen Veränderungen erzeugen erhebliche Veränderungen im emotionalen Leben und Bewusstsein. Das Magnetfeld der Erde steht zum Beispiel mit den menschlichen Emotionen in Verbindung und mit unserem Kurzzeitgedächtnis.

Seit ein paar hundert Jahren, so sagen uns die Wissenschaftler, ist die Stärke des Magnetfelds der Erde in Bewegung, und aktuell scheint sie definitiv abzunehmen. Wir können das an unserer eigenen Erfahrung ablesen. Ich jedenfalls. So zum Beispiel hielt ich heute morgen eine Kassette in der Hand, weil ich etwas aufnehmen wollte. Ich ging vorher noch in die Küche, um mir ein Glas Wasser zu holen. Dann kam ich ins Wohnzimmer zurück. Aber wo war die Kassette? Ich wusste, wo ich sie eben noch hingelegt hatte, aber wo war sie geblieben? So etwas passiert mir ständig. Oder ich mache mich auf den Weg zur Küche, und wenn ich dort ankomme, weiß ich nicht mehr, was ich da wollte. Und dann war da doch diese Spielanleitung, in der alles so schön klar erklärt wurde. Wo ist sie eigentlich geblieben? Nun könnte man sagen, dass ich vielleicht einfach langsam senil werde, aber ich

glaube, das ist es nicht. Viel wahrscheinlicher kommt es mir vor, dass das mit dem Magnetfeld der Erde zu tun hat und seinem Zusammenhang mit dem Erinnerungsvermögen.
Das Magnetfeld der Erde wirkt sich auf die emotionale Stabilität aus. Was als Zusammenbrechen intakter Familienstrukturen in Erscheinung tritt, als Gewalt unter Schulkindern und als psychopathologische Symptome epidemischen Ausmaßes, kann einfach mit der Tatsache zusammenhängen, dass das Magnetfeld unserer Erde schwächer wird und so der Faktor, der uns emotional miteinander verband – durch unsere gemeinsame Anwesenheit in diesem Feld –, nun weit weniger stark wirksam ist.
Wir wissen, dass unser Bewusstsein auf der Ebene der dritten Dimension physisch mit dem elektromagnetischen Aspekt unseres Nervensystems verknüpft ist, sowie mit der Art und Weise, wie unser Bindegewebe bis in den Zellkern hinein ein gigantisches Netz elektromagnetischer Energien darstellt. Die wechselseitigen Verbindungen zwischen uns und der Erde selbst sind elektromagnetische Verknüpfungen. Veränderungen im Magnetfeld der Erde haben also durchaus einen Einfluss auf unsere Beziehung zueinander und auf die Art und Weise, wie wir unsere Gefühle verarbeiten.
Was am Krisenpunkt geschieht – dem Punkt, an dem die maximale Veränderung im Hinblick auf die dimensionale Ebene möglich ist –, ist Folgendes: Das Magnetfeld des Planeten sinkt regelrecht auf Null. An diesem Punkt sind wir anfällig für enorme Veränderungen im Hinblick auf unsere Emotionen und unsere Beziehungen zu anderen. Zudem wird – es sei denn, wir sind auf unser eigenes *Merkaba-Energiegefährt* aufmerksam geworden – unser Erinnerungsvermögen zerstört. Auf einen simplen Nenner gebracht, ist genau das den meisten von uns auf Atlantis passiert. Wobei nicht nur unser Gedächtnis erlosch, sondern wir zusätzlich durch das Gitter, auf dem sich unsere Dimension befand, in eine verdichtete, dunkle Welt hinabgeschleudert wurden.
Der scheinbar negative Charakter unserer Erlebnisse beim Untergang von Atlantis hängt mit der Tatsache zusammen, dass wir uns damals, als das Magnetfeld der Erde zusammenbrach, im Zyklus der Präzession der Tagundnachtgleichen gerade dem Höhepunkt näherten – dem Punkt maximalen Bewusstseins. Wenn am entgegengesetzten Ende des Zyklus' das Magnetfeld der Erde zusammenbricht – dem Moment kurz vor dem Punkt der größten Dunkelheit –, kann dieser Zusammenbruch

äußerst Positives bedeuten. Dieser Punkt kann zum Schauplatz eines umfassenden Übergangs von einer Dimension in eine andere, höhere, werden. Genau das wird in allen Prophezeiungen für den Knotenpunkt vorhergesagt, an dem wir uns gegenwärtig befinden. Wenn das Magnetfeld absolut auf Null sinkt, beginnt ein dreitägiger Blackout, und wenn diese Tage vorbei sind, kommt die Erde erneut zum Vorschein – auf einer höheren Dimension. Das heißt, dass genau die Zeit der schlimmsten Krise, die Zeit, an der die übelsten Schwierigkeiten und Katastrophen auftreten können, auch die Zeit der größten Chancen ist.

Was beim Untergang von Atlantis geschah

Was genau hat sich eigentlich abgespielt, als Atlantis unterging? Was ist uns, der Spezies Mensch, dabei verloren gegangen?
Zum ersten gilt: Wenn es stimmt, dass wir in unserer wahren, spirituellen Form schon immer da sind und auch immer da sein werden, dann heißt das, dass wir viele Leben durchlaufen haben – nicht nur auf dem Planeten Erde und nicht nur an einem Ort, wo die vorherrschende Dimension des Bewusstseins die dritte Dimension ist. Wir haben auf so vielen Dimensionen existiert, auf so vielen verschiedenen Planeten. Doch seit den Tagen von Atlantis sind die Menschen, die dieser Zivilisation angehörten, zum Großteil immer wieder auf den Planeten Erde geboren worden und hatten von daher Anteil an seiner Evolution und Geschichte. Das heißt, dass wir zusammen mit dem Planeten von der vierten Dimension auf die dritte abgestürzt sind, und gleichzeitig gelangten wir von der ersten Bewusstseinsebene auf die zweite. Was uns verloren gegangen ist, war eine Bewusstseinsebene, auf der wir viel umfassender verstanden, wer wir sind und ein viel klareres Bild als jetzt von dem hatten, was uns zur Verfügung stand. Wie wiederholt erwähnt, erlebten wir die Wirklichkeit auf Atlantis aus der Perspektive der Einheit allen Seins, nicht aus dem Blickwinkel der Polarität und Getrenntheit, den wir jetzt erfahren. Materiell betrachtet nahmen wir eine viel größere Bandbreite des elektromagnetischen Spektrums wahr, nicht nur den eng umrissenen Bereich der Licht- und Klangfrequenzen, der uns heute zugänglich ist. Delfine zum Beispiel haben eine viel größere Wahrnehmungsspanne als wir. Selbst vieles von dem, was sich lediglich in der physischen Welt ereignet, entgeht uns. Das war nicht immer so. Wir hatten schon einmal einen viel größe-

ren Wahrnehmungsbereich und dementsprechend eine viel größere Bandbreite des Verstehens als heute.
Abgesehen davon, dass wir einen größeren Bereich aus dem Farbspektrum wahrnehmen konnten, waren wir uns unserer multidimensionalen Natur bewusst – alles Dinge, von denen wir hier nun abgeschnitten sind. Es ist, als seien wir mit dem Untergang von Atlantis in einen tiefen Schlaf versunken und hätten vergessen, wer wir sind. Ein Schleier nach dem anderen entstand, um sich über unser Bewusstsein zu legen. Doch diese Schleier sind für unser Wohlergehen hier sogar notwendig. Würden wir über das volle Bewusstsein unserer multidimensionalen Natur verfügen, ohne jedoch in der Lage zu sein, die dimensionale Ebene der Welt um uns herum zu verändern, so wäre das Leben hier zu schmerzhaft für uns, als dass wir so weiterleben könnten. Aber es musste weitergehen.
Diese Welt, in der wir die zweite Bewusstseinsebene erfahren, ist eine Trittstufe für den Aufstieg zu einer höheren Bewusstseinsebene. Sie stellt eine Brücke dar, die wir überqueren müssen, damit sich die Ebene, auf der sich unser Planet befindet, weiterentwickeln kann. Für uns ist jetzt der Zeitpunkt gekommen, zu erwachen, um diese neue Ebene einzuleiten. Langsam, aber sicher erwacht in uns die Erinnerung daran, wer wir sind und was wir auf der Ebene einer höheren Wirklichkeit sind.
Als Atlantis zusammenbrach, kam es nicht nur im Hinblick auf das menschliche Erleben zu einer veränderten Bewusstseinsebene, sondern auch für die gesamte Erde. Was diese Veränderung hervorrief, war die Tatsache, dass das Gitter des Christusbewusstseins zerstört wurde, das die Erde umgab und dafür zuständig war, das Niveau des menschlichen Bewusstseins aufrecht zu erhalten.
Jede Spezies benötigt ein solches Gitter, um existieren zu können. Für jede Form von Leben auf dem Planeten existiert dieses Gitter, ohne das die betreffende Form von Leben nicht existieren würde. Jedes Mal, wenn eine Spezies ausstirbt – und Tatsache ist, dass mehr als die Hälfte auf diesem Planeten inzwischen ausgestorben ist –, löst sich dieses Gitter auf. Es verschwindet einfach. Genau das geschah beim Untergang von Atlantis mit dem Gitter der Menschheit, und es wurde auf der Stelle durch ein anderes ersetzt, das einen völlig anderen Charakter aufwies. Darüber, welche Art von Bewusstsein mit einem Gitter verbunden ist, entscheidet die heilige Geometrie. Das Gitter, das an die

Stelle des Gitters für die erste Bewusstseinsebene trat und mit dem wir es mittlerweile seit dreizehntausend Jahren zu tun haben, ist ein durch und durch männliches, basierend auf Quadraten und Dreiecken. Beherrschend ist hier das Bewusstsein der linken Gehirnhälfte. Eigentlich war das Gitter für das Christusbewusstsein – die dritte Ebene – schon in Atlantis vorhanden, doch es wurde durch den Untergang vernichtet. Heute gibt es drei Gitter: Die Gitter für die erste und zweite Bewusstseinsebene, und das erst in neuerer Zeit vollendete neue Christusbewusstseinsgitter. Wenn es zur nächsten großen Verschiebung kommt, wird das erste und zweite Gitter verschwinden.
Thoth und den Aufgestiegenen Meistern auf Atlantis war klar, dass Atlantis untergehen würde. Sechzehntausend Jahre lang war Thoth – unter dem Namen Chiquetet Arlich Vomalites – König von Atlantis gewesen. Zweihundert Jahre vor dem Untergang wusste er genau, was passieren würde, also holte er zusammen mit zwei weiteren Aufgestiegenen Meistern – Ra und Araaragot – die Erlaubnis ein, künstlich ein neues Gitter zu erschaffen. Sie konstruierten etwas, was man als »Blaupause« oder architektonischen Entwurf für ein neues Christusbewusstseinsgitter bezeichnen könnte, und leiteten den Prozess in die Wege, es für die Zeit rund dreizehntausend Jahre später vorzubereiten, wo es erneut das Gitter für die menschliche Spezies auf dem Planeten abgeben würde. Sie begaben sich nach Ägypten, damals Khem genannt, und begannen damit, rund eine Meile tief einen Schacht in die Erde zu bohren, der für das Christusbewusstseinsgitter die Verbindung zum Achsenpunkt herstellte.
Das neue Gitter selbst ist ein geometrisches, fischernetzartiges elektromagnetisches Gebilde, und genau dieses macht es möglich, dass das neue Bewusstsein zum Vorschein kommen kann. Es befindet sich etwa hundert Kilometer über der Erde. Vom Aufbau her findet sich in ihm eine Beziehung zwischen einem Dodekaeder und einem Ikosaeder. Beide dieser geometrischen Figuren basieren auf dem Fünfeck. Nun ist ein Ikosaeder ein zum Stern umgebautes Fünfeck: Fünf kleine Tetraeder docken jeweils perfekt an einer Seite des Fünfecks an, um eine Ikosaederkappe entstehen zu lassen, eine Art von Punkt, der das Ganze alles in allem wie einen Stern aussehen lässt. Bildet man aus allen zwölf Seiten eines Dodekaeders einen Stern, so hat man genau die Form des neuen Gitters. Das sternförmige Dodekaeder gilt von seinem Charakter her als weiblich, also wird das neue Gitter dazu führen, dass unsere

feminine, der rechten Gehirnhälfte zuzuordnende, intuitive Komponente zum Vorschein kommen kann.
Zusätzlich dazu, dass er das neue Christusbewusstsein initiierte, aktivierte Thoth ein *Merkaba-Feld*, um die Erde vor den bevorstehenden Polverschiebungen zu schützen. Zuerst errichteten er und die anderen drei Pyramiden basierend auf der sich spiralförmig bewegenden Energie, die aus dem Achsenpunkt des Gitters aufsteigt. Zu diesen drei Pyramiden gehört eine, die wir heute als die »Große Pyramide« oder »Cheopspyramide« kennen, und zwei die sich in ihrer Nähe befinden. Das alles, wie schon gesagt, um des Ereignisses willen, das zweihundert Jahre später bei der Verschiebung der Pole und dem Absinken der Dimensionen eintreten würde.
Die Große Pyramide diente dabei als Plattform für ein eigentümliches Raumschiff, das gewöhnlich eine Meile unter der Erde ruht, unterhalb des Sphinx. Dieses Raumschiff ist nur drei bis fünf Atome dick und befindet sich die meiste Zeit über in einer Dimension, die jeweils einen Oberton über dem angesiedelt ist, auf dem sich die Erde befindet. Aufgrund dieser leichten dimensionalen Diskrepanz kann es sich durch die Erde bewegen. kurz bevor das Magnetfeld der Erde zsammenbrach, nahmen Thoth und die anderen dieses Raumschiff, bewegten es von seinem Platz unter der Erde weg und reisten nach Atlantis, als dieses gerade unterging. Sie nahmen die Aufgestiegenen Meister mit, und Thoth sagt, sie hätten sich etwa vierhundertfünfzig Meter über dem Erdboden befunden, als Undal, die letzte Insel, die bis dahin noch über Wasser geblieben war, im Meer versank. Dann brachten sie das Raumschiff zu einer besonderen Landefläche auf der Spitze der Großen Pyramide, während das Magnetfeld der Erde weiter degenerierte. Der letztendliche Kollaps dieses Feldes dauerte dreieinhalb Tage. Als es schließlich auf Null absank, verschwand mit ihm das menschliche Erinnerungsvermögen. Die einzige Möglichkeit, diesen Gedächtnisverlust während des Zusammenbruchs zu vermeiden, besteht darin, die *Merkaba* zu meistern. Dabei kann man mit ihren gegenläufig rotierenden Lichtfeldern sein eigenes Magnetfeld erzeugen und sein Gedächtnis bewahren. Die Aufgestiegenen Meister ließen oben auf der Spitze der Pyramide ein riesiges *Merkaba-Feld* entstehen und blieben die dreieinhalb Tage darin. Als diese Zeit vorbei war, fanden sie sich in einer völlig neuen Welt wieder – der Welt der dritten Dimension.

Das Vermächtnis von 1972

Was heute auf der Welt geschieht, ist ein Produkt sowohl des genauen Zeitpunkts, an dem wir uns im Hinblick auf die Präzession der Tagundnachtgleichen befinden, als auch der Tatsache, dass das Christusbewusstseinsgitter nun völlig ausgereift ist und in Aktion treten kann. Diese kosmischen Fakten spiegeln sich jedoch komplett in unserem Bewusstseinszustand, und man könnte sogar sagen, sie sind unser Bewusstsein. Was in der äußeren Welt geschieht, ist ein Spiegel dessen, was in uns geschieht, individuell und kollektiv. Der Prozess ist nicht »linear«: Er ereignet sich nicht wie eine einfache Kette von Ursachen und Wirkungen. Man kann natürlich nicht sagen, dass wir die Präzession der Äquinoxe hervorrufen, noch kann man sagen, dass unsere Position im unermesslichen kosmischen Kreislauf die einfache, lineare Ursache der Tatsache sei, dass wir uns an der Schwelle zum Erwachen zu einer neuen Bewusstseinsebene befinden. Das sind zwei Aspekte des gleichen Ereignisses: die Transformation des Bewusstseins der Erde und die Transformation des Bewusstseins der Individuen auf der Erde. Zwei Aspekte der einen Wirklichkeit, die wechselseitig und miteinander verbunden sind, und dennoch ist es wahr, dass wir einen Zeitpunkt erreicht haben, wo die ganze Erde so weit sein dürfte, auf die vierte Dimension aufzusteigen, und wir stehen im Begriff, die Brücke von der zweiten Bewusstseinsebene zur dritten zu überqueren. Es hat viele Prophezeiungen gegeben – sowohl von Stammeskulturen der ganzen Welt, als auch von hoch begabten Sehern aus unserer eigenen Kultur – die dies vorhersagten und sahen, dass die Zeit, in der dieses große spirituelle Erwachen stattfinden sollte, unsere Zeit sein würde. Tatsache ist, dass den meisten Berichten zufolge der Aufstieg bereits stattgefunden haben müsste. Die Prophezeiungen sagten auch vorher, dass es große Veränderungen in der Geographie der Erde geben würde, wie man es von den Präzessionsphänomenen erwarten würde. Aber die Katastrophen sind nicht eingetreten. Und wir sind noch immer hier. Was also spielt sich da ab?

Nun, es gibt gewisse andere Ereignisse kosmischen Ausmaßes, die Dinge drastisch verändert haben und auf der Erde derzeit eine Situation geschaffen haben, die einzigartig ist in der Geschichte unserer Galaxie. Und das so sehr, dass weder die Melchizedeks noch die Aufgestiegenen Meister ganz sicher sind, was sich da tut! Thoth glaubte, dass wir möglicherweise alle zusammen gleichzeitig aufsteigen könnten, ohne durch die katastrophalen Erdveränderungen hindurch zu müssen, die gewöhnlich mit dem Aufstieg auf höhere Seinsebenen einhergehen.

Das maßgeblichste der unerwarteten Ereignisse passierte am 7. August 1972, als auf der Sonne eine Eruption titanischen Ausmaßes stattfand. Schlägt man in den Zeitungen von damals nach, so stößt man darauf, dass die Astrophysiker von enormen Sonnenwinden von bis zu vier Millionen Stundenkilometern berichteten. Diese dauerten drei Tage, um sich dann abzuschwächen und dreißig Tage mit einer Geschwindigkeit von zweieinhalb Millionen fortzusetzen. Dabei registrierten die Wissenschaftler sogar nur einen kleinen Teil dessen, was in Wirklichkeit geschehen war. Was nämlich eigentlich geschah, war, dass die Sonne ihre innere physische Konstitution veränderte und sich bis weit in das Sonnensystem ausdehnte – sogar bis zum Jupiter hin – und die Erde zerstört hätte, hätten die Sirianer nicht eingegriffen.

Die Sirianer

Der Sirius ist der Stern am nördlichen Himmel, der am nächsten bei unserem Sonnensystem ist. Er ist der hellste Stern am Himmel. Man findet ihn links unterhalb des Oriongürtels, und er ist in den meisten Nächten des Jahres mit bloßem Auge zu erkennen. Er hat höchst bemerkenswerte astronomische Eigenschaften. Er hat einen Begleitstern, »Sirius B«. Die beiden Sterne kreisen umeinander, und dieses Doppelsternsystem ist eng an unser eigenes Sonnensystem gekoppelt. De facto ziehen wir mit Sirius unsere Bahn durch die Galaxie.

Doch Sirius ist noch aus viel bedeutenderen Gründen wichtig als deshalb, weil er ein astronomisches Kuriosum darstellt. Die ganze Geschichte über den Sirius und wer die Bewohner des Sirius sind, erzähle ich in *Zurück in unsere Zukunft*. Die Informationen in diesem Buch stammen aus den Werken von Zacharia Sitchin, vor allem aus *»Der zwölfte Planet«* und *»Genesis Revisited«*. Aber ich werde die Geschichte noch einmal kurz zusammenfassen, so dass verständlich wird, warum die Sirianer ein so massives Interesse an unserem Schicksal zeigten. Es hat damit zu tun, wer und was das Menschengeschlecht ist und beginnt in ferner Vergangenheit.

Der zehnte Planet in unserem Sonnensystem (der bei Sitchin der zwölfte Planet genannt wird) – in der konventionellen Astronomie ist er derzeit unbekannt – heißt Nibiru. Er hat eine lange, elliptische

Umlaufbahn und bewegt sich in die umgekehrte Richtung wie die restlichen Planeten. Seine Reise am Himmel führt ihn an der Sonne vorbei und dann alle dreitausendsechshundert Jahre zwischen Mars und Jupiter hindurch. Sitchin sagt, dass der Nibiru und seine Bewohner, die Nefilim, vor etwa vierhundertfünfzigtausend Jahren ein Problem mit der Atmosphäre des Planeten erlebten, das dazu führte, dass er keine Wärme mehr speichern konnte. Da sie sich auf weiten Teilen ihrer Umlaufbahn extrem weit entfernt von der Sonne befanden, kam sie in ihrem Fall als Wärmequelle nicht in Frage. Die Wärme kam aus dem Inneren des Planeten. Das Problem war die vom Planeten erzeugte Hitze. Der Planet Nibiru brauchte etwas, was wir heute als den »Treibhauseffekt« bezeichnen – er musste seine Atmosphäre dazu nutzen, Wärme zu speichern und zu verhindern, dass sie ins All entwich. Damals jedoch verlor der Planet seine Wärme, und zwar über eine Art Loch in der Atmosphäre – zweifellos so etwas wie unser »Ozonloch«, über das die Ökologen so besorgt sind. Die Nefilim entdeckten, dass die Lösung ihres Problems Goldstaub wäre, der in der Atmosphäre schweben würde, und dass die Erde eine gute Quelle für diesen Rohstoff bot. Also kamen sie hierher, um Gold zu schürfen, und zweihunderttausend Jahre lang schafften sie es, hierdurch zu überleben. Immer wenn der Nibiru auf seiner dreitausendsechshundertjährigen Umlaufbahn nahe genug an die Erde kam, nahmen die Nefilim immense Ladungen Gold von dort mit nach Hause und brachten sie in ihre Atmosphäre ein. Doch nach zweihunderttausend Jahren wurden diejenigen unter den Nefilim, die während dieser gesamten Zeit im Dienst an ihrem Heimatplaneten auf der Erde gelebt hatten, die Plackerei leid und rebellierten. Daraufhin beschlossen die Nefilim, eine neue Rasse zu erschaffen, unterwürfige Geschöpfe, die lediglich Sklaven sein würden, die man in den Goldbergwerken einsetzen würde, und sonst nichts. Und diese unterwürfige Rasse waren, wie sich herausstellen sollte – wir! An diesem Punkt in Sitchins Bericht kam von Thoth persönlich, so Drunvalo, eine entscheidende Klarstellung im Hinblick darauf, wie die Produktion der menschlichen Rasse im einzelnen vonstatten ging. Die Nefilim gaben die »mütterliche« Seite der neuen Spezies ab. Aber man brauchte ja auch einen »Vater« für die neue Spezies. Hier kommen die Sirianer ins Spiel.

Die Sirianer hatten bereits eine Verbindung zu unserem Sonnensystem. Wie schon erwähnt, sind sie in einem gewissen Sinne unsere Wegge-

Abb. 3 - 1 Die Saat des Lebens

fährten bei unserer Reise durch die Galaxie. (Aus dieser Verbindung leitet sich übrigens unsere wahre Beziehung zu den Delfinen her. Der dritte Planet in einiger Entfernung von Sirius B ist in der Hauptsache ein Wasserplanet, und die Zivilisation dort besteht mehrheitlich aus Cetazeen – der Gattung der walartigen Kreaturen, der auch die Delfine angehören. Die Delfine reisen de facto tagtäglich zwischen den Dimensionen hin und her.)

Die Sirianer, die diese Verbindung mit der Erde haben, wurden also für uns zum Vateraspekt. Thoth sagt, eine zweiunddreißigköpfige Sirianer-Familie sei von Sirius B gekommen und habe sich zu den Hallen von Amenti begeben. Die Hallen von Amenti sind eine rätselhafte dimensionale Krümmung, die als eine Art Mutterschoß fungiert. Sie entstanden vor mehr als fünfeinhalb Millionen Jahren und existieren heute gut eintausend Meilen tief in der Erde. Bevor die Sirianer kamen, hatten sieben Nefilim ihren Körper abgestreift und so sieben Bewusstseinskugeln entstehen lassen, und dann waren sie zu jenem Muster verschmolzen, das wir aus der heiligen Geometrie als »Saat des Lebens« kennen (Abb. 3.1), um eine Eizelle entstehen zu lassen. Dabei ließen sie ein kühles, blauweißes Licht in Form einer Flamme in Erscheinung treten, eine besondere Flamme ohne Hitze, rund einen Meter hoch. Die Flamme wurde in den Hallen von Amenti platziert, und als die Sirianer dann eintrafen, verschmolzen sie mit der Flamme (die Flamme des Lebens wie auch die Saat des Lebens werden in *Zurück in unsere Zukunft* ausführlich beschrieben). Die »Tragezeit« betrug zweitausend Jahre. Und zweitausend Jahre später kamen wir dann zum Vorschein. Das war vor etwa zweihunderttausend Jahren.

Da sie als unser Vater-Aspekt fungierten, sind die Sirianer väterlich um unser Wohlergehen besorgt, und das ist auch der Grund dafür, warum sie 1972 eingriffen, als das Pulsieren der Sonne zu einer Bedrohung für uns wurde.

Die Sirianer unternahmen diese Intervention mit dem kompletten Einverständnis der höheren Stellen in der Seinshierarchie. Man muss sich darüber im Klaren sein, dass ohne dieses Eingreifen alle und alles – bis hin zum allerletzten Käfer auf dem Planeten – komplett ausradiert worden wäre. Kein Planet der dritten Dimension kann überleben, wenn er sich innerhalb der Sonne befindet. Ein Planet der vierten Dimension hätte jedoch überhaupt keine Probleme damit. Die Bewohner eines Planeten auf den höheren Obertönen der vierten Dimension wären einfach in der Lage, sich auf die physischen Veränderungen einzustellen, die mit diesem Absorbiertwerden von der im Pulsieren expandierten Sonne einhergehen. Sie hätten sich entsprechend akklimatisiert und dann einfach ungestört weiterexistiert. Wir und unser Planet jedoch befanden uns noch auf der dritten Dimension und wären komplett ausgelöscht worden. Und es hat den Anschein, als würde der Planet Erde eine Rolle bei einigen noch nicht ganz deutlich gewordenen Plänen der Seinshierarchie spielen, also schafften es die Sirianer, von höheren galaktischen Ebenen die Erlaubnis zu unserer Rettung zu erhalten. Sie taten dies, indem sie ein holografisches Schutzfeld um uns und um den Planeten einfügten. Durch dieses würde es so wirken, als seien wir bereits in ein paralleles Universum eingetreten, in dem nichts weiter stattgefunden zu haben scheint als das, was unsere Astrophysiker aufzeichneten – enorm heftigste Sonnenwinde, aber nichts, was weitreichendere Folgen haben würde.

Das holografische Schutzfeld

Dieses holografische Schutzfeld befindet sich noch immer an Ort und Stelle und schützt uns auch heute noch. Als es 1972 aufgebaut wurde, behielten die Sirianer die komplette Kontrolle darüber, aber nach und nach gaben sie diese wieder ab, so dass wir derzeit frei darüber verfügen können. Wie all das ausgeht – welche der Möglichkeiten realisiert werden – liegt nun voll und ganz bei uns.

Es gibt drei Aspekte im Hinblick darauf, dass die Sirianer dieses Feld errichteten, die wir verstehen müssen.

Erstens die Tatsache, dass sie das nicht tun konnten, ohne eine »Erlaubnis« einzuholen. Es war kein Schurkenstreich. Es war nicht wie etwa bei den diversen Eskapaden der Marsbewohner, die zuerst das Leben auf ihrem eigenen Planeten zerstörten, dann nach Atlantis flüchteten und schließlich dort im Hinblick auf die Dimensionen die Katastrophen herbeiführten, die mit dem Untergang von Atlantis einhergingen, indem sie – ohne Erlaubnis – die externe *Merkaba-Technologie* anwendeten, weil es ihnen sonst an den Kragen gegangen wäre. Die Sirianer dagegen wirkten, wie schon gesagt, mit vollem Wissen und der Zustimmung der »Höheren« in der kosmischen Hierarchie.

Zweitens musste die Anbringung des Feldes geschehen, ohne dass uns die drohende Gefahr oder die Lösung zu Bewusstsein kommen würde.

Drittens mussten die Sirianer gleichzeitig mit unserer Errettung Bedingungen erschaffen, die unsere eigene Evolution beschleunigen würden, damit wir imstande wären, in die vierte Dimension hinein zu gelangen und uns aus dieser Perspektive zu schützen.

Hier zeigt sich, wie Schicksal, Zufall und unsere eigene spirituelle Arbeit zusammenkommen, um auf rätselhafte Weise die Bestimmung zu erfüllen, die wir aus unserer Perspektive der dritten Dimension nicht verstehen können. Entsprechend des kosmischen Kalenders, der exemplarisch durch die Präzession der Tagundnachtgleichen dargestellt wird, stand es für etwa diese Zeit (im Winter 1998) an, dass wir auf die dritte Bewusstseinsebene fortschreiten und in die vierte Dimension eintreten würden. Es war jedoch klar, dass wir als Spezies weit davon entfernt waren, ein solches Niveau erreicht zu haben. Um den Zeitplan einhalten zu können, musste unser Wachstum auf die eine oder andere Weise beschleunigt werden. Und es wirkt ganz so, als hätte die Anomalie des Sonnenpulses von 1972 genau die Bedingungen geschaffen, die eine solche Beschleunigung herbeiführen würden.

Nun, der Beschleunigungsprozess ist tatsächlich eingetreten. Und nicht nur das – er spielt sich in einer nie zuvor erlebten Geschwindigkeit ab. Dinge verändern sich in einem solchen Tempo, dass wir die Aufmerksamkeit der gesamten Galaxie auf uns gelenkt haben! Was sich da heute auf der Erde abspielt, ist etwas, das noch niemand wo auch immer in dieser Region des Universums je gesehen oder gehört hat – zumindest haben die Aufgestiegenen Meister und Melchizedeks es noch nie zuvor erlebt. Und die Beschleunigung nimmt nicht etwa ab. Was die Meister und Melchizedeks wissen ist, dass das, was hier geschieht, was es auch sein mag, nicht nur einzigartig ist, sondern zudem eine einzigartige Wirkung auf alles Leben überall haben wird.

Es ist fast so, als sei der Stöpsel herausgezogen und eine enorme Bewusstseinsflut freigesetzt worden, oder als hätte man in reicher Fülle Saatkörner ausgesät, mit unglaublichen Konsequenzen für neues Wachstum in der gesamten Galaxie.

Jeder weiß heute, dass die letzten fünfundzwanzig Jahre eine unglaubliche Beschleunigung im Hinblick auf technische, geschichtliche und soziale Veränderungen auf dem ganzen Planeten mit sich gebracht haben: das Ende des Kalten Krieges, die Entstehung der Globalisierung, der Eintritt ins »Informationszeitalter« mit einem Computer in allen Wohnzimmern und einem Mobiltelefon in jeder Jackentasche. Diese Veränderungen waren gleichzeitig von enormen Störungen im menschlichen Leben begleitet, angefangen von einer schreckenerregenden Zunahme an emotionalem und psychischem Aufruhr bis zum Zerfall von Familien und der Zerstörung traditioneller Kulturen überall. So viel ist allseits bekannt. Doch diese Veränderungen sind nur die Spitze des Eisbergs. Was sich wirklich auf den inneren Ebenen abgespielt hat, wird Auswirkungen haben, die weit über ein bloßes Durcheinander im persönlichen Leben, den Wirtschaftssystemen und Kulturen hinaus geht.

Um zu sehen, wie und warum dies geschieht, muss man sich nur betrachten, was die praktische Durchführung der »Lösung« für die Krise mit dem solaren Pulsieren, auf die die Sirianer verfielen, alles mit sich brachte. Als die Sirianer 1972 erstmals in der Akasha-Chronik nach einer Lösung für die Art von Problem suchten, mit der wir es zu tun hatten, sahen sie, dass noch nie eine Lösung gefunden worden war. Erfolgte auf der dritten Dimension eine Eruption auf einem Stern, so wurden die der dritten Dimension angehörenden Planeten in der

Umlaufbahn um ihn herum und innerhalb des von der Explosion betroffenen Radius' einfach durch die Expansion des Sterns zerstört. Dann jedoch suchten sie weiter, um herauszufinden, ob wenigstens einmal jemand über eine mögliche Lösung nachgedacht hatte, selbst wenn diese nicht in die Tat umgesetzt worden war. Und was sie herausfanden war, dass man sich in der Tat bereits Gedanken um die Idee der Beschleunigung der Evolution eines Planeten gemacht hatte, damit dieser mit Veränderungen fertig werden würde, die ansonsten verhängnisvoll gewesen wären. Das Konzept war in der Chronik verzeichnet, aber nie hatte es jemand ausprobiert. Und so probierten sie es.
Übrigens ist dieser Prozess der Überprüfung der großen kosmischen Datenbank – der Akasha-Chronik – nicht nur auf bereits Ausprobiertes, sondern auch auf lediglich vorgeschlagene Möglichkeiten – bereits für sich genommen sehr informativ. Er zeigt, wie jeder Gedanke, jede intuitive Ahnung um eine Möglichkeit – und sei es nur eine Idee, und sei es, es gibt gegenwärtig keine Mittel oder Bedingungen für seine Durchführung – außerordentlich wichtig ist und Teil der umfassenderen Wirklichkeit bleibt. Zur Wirklichkeit gehören nicht nur Fakten, sondern auch Möglichkeiten. Man könnte sagen, dass es so ist, als hätte jemand eine Saat gesät, oder als hätte sogar Gott die Saat gesät. Irgendwo und irgendwann in irgend einer Galaxie, auf der einen oder anderen Dimension, wer weiß wo, entstand die Idee der Beschleunigung der Evolution eines Planeten zwecks Veränderung seines materiellen Schicksals, in dem vollen Wissen, dass diese Idee irgendwann umgesetzt würde und dass mit dem Säen und der Nutzung dieser Saat eine ganz neue Möglichkeit entstehen würde, eine völlig neue Weise, wie sich das Leben entwickeln würde. Und es scheint, dass genau das hier gegeben ist.

Das Luzifer-Experiment

Ich möchte darauf hinweisen, dass es sich bei dem Verfahren, das bei der Erschaffung des holografischen Schutzfeldes angewandt wurde, um eine hoch entwickelte Technologie handelte. Nicht um so etwas wie zum Beispiel ein inneres *Merkaba-Feld*. Das *Merkaba-Feld* der Erde ist nun in der Tat erweckt, aber das ist wieder eine völlig andere Sache. Das holografische Schutzfeld ist ganz gewöhnliche, luziferische Technologie, und dennoch schuf die Tatsache, dass es zu diesem Zeitpunkt um die Erde gezogen wurde, einer ganz neuen Möglichkeit in Erschei-

nung zu treten – eine Möglichkeit, die in einem Ausmaß folgenreich und bedeutsam sein könnte, das weit über einen bloßen Einfluss auf das Schicksal dieses Planeten hinausgeht.
Man kann sagen, dass immer dann, wenn eine Möglichkeit erst einmal existiert, das Leben irgendwo, irgendwann von ihr Gebrauch machen wird. In diesem Sinne ist das Universum als solches ein gigantisches Versuchslabor, in dem eine Möglichkeit nach der anderen getestet wird und man die Wirksamkeit einer jeden für die Manifestation der Einheit allen Seins überprüft.
Zu der neuen Möglichkeit, die jetzt gerade erkundet wird, könnte die Auflösung des langjährigen Konflikts zwischen innerlicher und äußerlicher Technologie gehören, die selbst wiederum ein Spiegel des Kriegs zwischen Luzifer und dem Erzengel Michael ist, der seit unerdenklichen Zeiten tobt. Es gab vor der gegenwärtigen bereits drei weitere luziferische »Rebellionen«, von denen jede damit endete, dass das gesamte Sonnensystem in völligem Chaos und Desaster zurückblieb. Und es hat ganz so ausgesehen, als würde dieses vierte Experiment genauso enden. Aber es gibt nun eine neue Möglichkeit.
Ich habe die ganze Sache mit den luziferischen Rebellionen schon in *Zurück in unsere Zukunft* erzählt. Also will ich hier nicht noch einmal auf die Einzelheiten eingehen. Hier in Kurzform: Luzifer war ursprünglich ein überragender Erzengel – der herrlichste aller Engel. Sein Name bedeutet »Lichtträger« oder »Der Strahlende und Helle«. Im Grunde tun wir besser daran, das, was Luzifer tat, gar nicht als Rebellion zu sehen, sondern als ein Experiment. Bei diesem Experiment ging es um die Erschaffung des freien Willens. Vor diesem Versuch geschah alles, was sich im Universum ereignete, nämlich voll und ganz entsprechend dem göttlichen Plan. Es gab keinerlei Abweichung von ihm; nichts geschah nach dem Zufallsprinzip; nie nahmen Dinge Gestalt an, die man sich irgendwann einmal vorgestellt hatte, ohne sie jedoch zu realisieren. Die Möglichkeit der Freiheit, des Neuen, der Spontanität, der zügellosen Phantasie, war bis dahin noch nicht erkundet worden.
Die Art und Weise, wie diese neue Möglichkeit zum Vorschein kam, hatte durch und durch damit zu tun, wer Luzifer war und wo er in der kosmischen Hierarchie stand. Luzifer war das höchste Wesen in der gesamten Schöpfung, mit Ausnahme von Gott, dem Schöpfer. Nun, wenn man sich so ansieht, was uns zu unserem Handeln motiviert, so wird deutlich, dass es für uns völlig normal ist, etwas zu sein oder wie

etwas zu sein, das wir für besser oder höher halten als uns selbst. Wir wollen zu dem werden, was wir bewundern. Für Luzifer jedoch gab es außer dem Schöpfer ja keinen, der auf der absoluten Wertskala noch höher rangierte als Luzifer selbst. Also konnte er keinen anderen Ehrgeiz, kein anderes Bestreben entwickeln, als Gott nachzuahmen. Schön und gut. Doch immer, wenn wir es anstreben, in irgendeiner Hinsicht zu brillieren, so möchten wir oft nicht nur genauso gut sein wie unser Held, sondern sogar noch besser! Wenn wir bei der Olympiade mitmachen, wollen wir den bisherigen Rekord ja schlagen, nicht nur mit ihm gleich ziehen. Und genau das traf auch auf Luzifer zu. Er wollte noch um einen Punkt besser sein als Gott. Und damit nicht genug – sein Verlangen, das zu bewerkstelligen, stellte sich ebenfalls mit dem Segen Gottes ein.

Nun war das höchste Werk Gottes ja eindeutig die Erschaffung der Welt. Und es war kein Geheimnis, wie Gott dabei letztlich vorgegangen war: Die Welt war durch einen im Innern stattfindenden Prozess geschaffen worden, bei dem die Figuren aus der heiligen Geometrie als Muster herangezogen wurden, und die Welt sowie alle Dinge dieser Welt durch die Vorstellung von ihnen ins Dasein traten. Es bestand eine Art Kontinuität, ein Strom, oder, wenn man so will, ein Band der Liebe zwischen Schöpfer und Schöpfung, da alles, was geschaffen wurde, direkt dem Innersten des Schöpfers entsprang. Die anderen Erzengel – Michael, Gabriel und so weiter – bewahrten sich dieses Band der Liebe. Ein »Lichtkörper« und der unablässige Ausdruck ihres harmonischen Einklangs mit dem Schöpfer erlaubte es ihnen, in der Welt zurechtzukommen. Es scheint, dass bei den meisten Lebensformen im Universum Dinge über den Lichtkörper geschehen. Die Delfine zum Beispiel leben auf diese Weise. Sie haben nichts außerhalb ihrer selbst. Sie haben zu allem, was sie brauchen, über ihre inneren *Merkaba-Felder* Zugang. Sie können alles tun, was sie tun wollen, ohne Konflikte untereinander zu erleben. Sie benötigen absolut gar nichts an technischen Hilfsmitteln.

Luzifer jedoch wollte die Sache mit der Schöpfung anders angehen als Gott. Dazu musste er sich von Gottes Liebe abtrennen, von Seiner Form der Kreativität. Er tat Folgendes: Er erfand die von der linken Gehirnhälfte betonte Technologie; eine Art und Weise, Dinge zu erschaffen und geschehen zu lassen, bei der man eiskalte, objektive Logik walten ließ und die materielle Wirklichkeit nach Gesetzen manipulierte, die nicht das Geringste mit dem inneren Sein zu tun hatten. Um zu dieser neuen Art des Erschaffens zu finden, nutzte er Dualismus und Polarität. Und er schuf Wesen, die wie er selbst voll und ganz im Bann dieser Daseinsform standen, nämlich die Grauen und die Marsbewohner, von denen ich bereits in *Zurück in unsere Zukunft* schreibe, sowie bestimmte Typen von Menschen, die vollkommen süchtig sind nach dem materiellen, technologischen Denken.

Die Folge ist, dass die Welt von einem Krieg zwischen Michael und Luzifer, den Mächten des Lichts und der Dunkelheit, der Liebe und inneren Weisheit einerseits und der Technik und Mutwilligkeit andererseits zerrissen wurde. Dieser Krieg hat enorme Auswirkungen auf uns. Vieles an der Geschichte der letzten dreizehntausend Jahre lässt sich als Kapitel im Ringen zwischen diesen beiden Kräften oder Tendenzen interpretieren. Und der Grund dafür, dass dies so war, ist der, dass der Mensch selbst Anteil an beidem hat.

Obwohl wir Menschen von heute zunehmend stärker von unserer eigenen Technik beherrscht zu sein scheinen, haben wir uns in unserem Kern einen Funken Liebe bewahrt. Wir haben die Möglichkeit, unseren Lichtkörper zu entdecken, unsere inneren *Merkaba-Felder* zu erwecken, unsere innere Verbindung mit der göttlichen Schöpfungsenergie zu erfahren. Wir sind nicht nur Verstand. Wir sind Herz und Phantasie. Wir leben nicht nur nach dem Faktischen, sondern auch nach dem Möglichen. Bislang war diese Gespaltenheit in uns ein Abbild des Kriegs zwischen Michael und Luzifer. Was die herkömmliche Religion als unsere »Seele« bezeichnet, ist das Schlachtfeld für diesen durch und durch dualistischen Prozess gewesen. Das ist der Gedanke, den unsere konventionellen religiösen Vorstellungen von Gut und Böse uns vermitteln. Doch eben dieser dualistische Prozess scheint nun allmählich dem Ende entgegen zu gehen. Da wir sowohl einen Kern der Liebe als auch die von der linken Gehirnhälfte gesteuerte Intelligenz aufweisen, besteht die Möglichkeit, dass wir diese beiden Arten des Daseins miteinander verschmelzen und eine Form von Leben hervorbringen, die man noch nie zuvor gesehen hat, eine, die am Ende diesen uralten Konflikt auflösen wird.

Sollte das geschehen, so wird es damit einhergehen, eine innere Verbindung mit unserem Lichtkörper und der erlaubten Anwendung externer Technologie herzustellen. Einer externen Technologie, die ohne den Dualismus und die innere Spaltung angewandt wird, die gewöhnlich mit der externen Technologie einhergeht. Und diese Möglichkeit scheint teilweise das Resultat des sirischen Experiments mit dem holografischen Schutzfeld, das 1972 um die Erde angelegt wurde, um uns vor den Auswirkungen des Sonnenpulses zu bewahren. Es war eine Ausübung externer Technologie, die sich dahingehend auswirkt, unsere Evolution zu beschleunigen, damit wir in die vierte Dimension eintreten, den Aufstieg des gesamten Planeten herbeiführen und die Erweckung vollziehen können, für die wir laut unserer Position im dreizehntausendjährigen Zyklus der Äquinoxe reif sind.

»Weibliche« Technologie

Wie aber sollen wir die Beziehung zwischen linker Gehirnhälfte, luziferischer Technologie und der neuen Anwendung der Technologie verstehen, die all diese Veränderungen mit sich bringen wird? Drunvalo selbst ging diesbezüglich durch ein Dilemma, und auf eine gewisse Weise ist seine Geschichte fast eine Parabel darüber, wie das ganze Menschengeschlecht lernen wird, über den Widerstreit zwischen externer Technologie auf der einen Seite und der Selbstgenügsamkeit des Lichtkörpers auf der anderen hinauszugelangen.

An einem bestimmten Punkt war Drunvalo auf der Straße der Technologie schon ein gutes Stück weit gekommen. Er begann externe technische Hilfsmittel zu verwenden, um mit verschiedenen Bewusstseinszuständen zu experimentieren. Dabei fand er heraus, dass er unglaubliche Dinge konnte, etwa die *Merkaba-Felder* von Menschen kurzzuschließen, um ihnen dabei zu helfen, außerdimensionale Welten zu bereisen. Er bewerkstelligte das auf elektronischem Weg durch Stimulierung der menschlichen Energiefelder bei bestimmten Frequenzen. Das Ganze unterschied sich nicht von der äußerlichen *Merkaba*, von der die Marsabkömmlinge Gebrauch gemacht hatten, oder vom Philadelphia- oder Montauk-Projekt. Dann jedoch kam der Zeitpunkt, wo Drunvalos Engel zu ihm kamen und ihn, kurz zusammengefasst, davor warnten, den Weg der externen Technologie, den er vor Jahren eingeschlagen hatte, weiter zu verfolgen, und sie erinnerten ihn an den ewigen Kampf zwischen Luzifer und dem Erzengel Michael, und an die Möglichkeit, sein Energiefeld innerlich zu aktivieren, wie es die Delfine und die Wale getan hatten, sowie daran, dass diese Geschöpfe nichts brauchten, was außerhalb ihrer selbst zu suchen war. Sie brauchten nicht an der äußeren Merkaba zu manipulieren oder von all diesem äußerlichen mechanischen Schnickschnack Gebrauch zu machen.

Die Engel verwiesen darauf, dass man jedes Mal, wenn man auf Hilfsmittel zurückgreift, um ein gewünschtes Ziel zu erreichen, etwas von seiner eigenen Macht abgäbe. Sagen wir, du sitzt in einem kalten Zimmer, dann kannst du die Heizung anstellen. Bald wird dir warm werden, aber wenn das funktioniert, besteht für dich ja kein Anreiz mehr, herauszufinden, wie du dich von innen heraus aufwärmen kannst. Die Tibeter wissen sehr gut, wie es gelingt, eine innere Hitze zu erzeugen, die es ihnen ermöglicht, den Winter im Himalajagebirge problemlos ohne Kleidung zu überstehen. Verwendet man jedoch eine Heizung, so wird man nie herausfinden, wie sie dabei vorgingen. Man hat seine eigene potenzielle Macht an den Heizkörper delegiert. Je weiter man diese Richtung verfolgt, desto machtloser und abhängiger wird man. Und was auf die Erzeugung von Wärme zutrifft, trifft – was noch schwerer wiegt – auch auf das Kurzschließen des eigenen *Merkaba-Feldes* zu. Also empfahlen die Engel eindringlich, nicht den Weg der äußeren Technologie einzuschlagen.

Das war für Drunvalo einsichtig. Er ließ von der äußerlichen Technologie ab. Er gab seine Geräte weg. Er wurde ein regelrechter Naturmensch, da er dachte, die Engel hätten gemeint, er solle alle technischen Hilfen gleich welcher Art weit von sich weisen. Ein paar Jahre später jedoch erschienen die Engel von neuem und sagten, dass er damit etwas zu weit gegangen sei. Es gäbe noch eine weitere Möglichkeit, die er noch gar nicht in Betracht gezogen habe. Und sie empfahlen ihm, dieses Mal über die Sirianer nachzusinnen, unseren Vater-Aspekt, die eine vollkommen andere Technologie gefunden hatten – eine von der rechten Gehirnhälfte bestimmte – Technologie, die sich nicht gegen die Verwendung technischer Hilfsmittel sperrte, sondern, ganz im Gegenteil, diese auf eine vollkommen außergewöhnliche Weise einsetzte. Mit dieser von der rechten Gehirnhälfte ersonnenen Technologie, so die Engel, könne man alles tun, was sich mit der Technologie der linken Gehirnhälfte anstellen lasse, nur werfe man dabei nicht seine innere Macht weg. Der Gedanke dabei ist der, dass wir eine Verbindung zu dieser Technologie herstellen müssen, damit sie eine Ausdehnung von uns selbst wird, statt etwas außerhalb unserer selbst zu sein. Die Wünschelrute etwa ist ein gutes Beispiel für von der rechten Gehirnhälfte erdachte Technologie. Der Wünschel-

rutengänger verwendet einen gegabelten Ast, der ihm dabei helfen soll, Wasser zu finden. Dies gelingt ihm jedoch, indem er eins mit diesem Stück Holz wird. Und so wie die Wünschelrute können wir alles behandeln, was wir an Technologie haben. Man richtet sich selbst auf das innerliche Erleben dessen aus, was man mit den technischen Hilfsmitteln erreichen will, und schließlich wird man das Hilfsmittel nicht mehr brauchen. Man nimmt die intuitive rechte Seite des Gehirns in Anspruch, und erobert sich die Macht zurück, die die linke Gehirnhälfte der Maschine überlassen hatte.
Die Engel sagten, die Sirianer hätten nun gerade die von der rechten Gehirnhälfte ausgehende Technologie verwendet, damit man aus den Zuständen herauskommen würde, die durch die luziferische Rebellion entstanden waren. Bei der Technologie, die der rechten Gehirnhälfte entspringt, kann man selbst das erlernen, was das technische Hilfsmittel einem zeigt, und man kann an den Punkt gelangen, wo man ohne die Technik auskommt. Es dürfte uns schwer fallen, unsere ganze Technik an einem Tag wegzugeben. Es wäre so, wie von uns zu verlangen, wir sollten unsere gesamte Kleidung ablegen und in den Wald gehen und lernen, dort nackt zu überleben. Nun, viel Glück dabei! Wir brauchen also eine Brücke, und diese Brücke ist die Technologie der rechten Gehirnhälfte.

Die Kogi

Es gibt noch etwas zu ergänzen, was das Pulsieren der Sonne anbelangt. Obwohl dieses Licht alles Leben auf der Erde vernichtet hätte, wenn die Sirianer nicht das holografische Schutzfeld aufgebaut hätten, hat es auch sehr positive Seiten. Seit der Zeit des Pulsierens 1972 bis irgendwann im Jahr 1995 wurden diese positiven Auswirkungen durch das Schutzfeld von uns fern gehalten, seit 1995 jedoch dürfen sie in den Erdraum und auf die Erde selbst eindringen und sind Teil des Bildes, wie die Transformation des Bewusstseins auf der Erde stattfindet.
Übrigens war den Priestern der japanischen Shinto-Religion bewusst, dass eines Tages eine neue Art von Licht von der Sonne hervorkommen und das Leben auf der Erde verwandeln würde. Sie brachten dieses Licht mit ihrer Sonnengöttin Amaterasu in Verbindung und sagten, dass es fünfhundert Jahre lang verborgen gewesen sei, nun aber zum Vorschein komme und es ermögliche, dass wieder eine weibliche Form des Lebens zum Vorschein kommt. Auch die Mayas, selbst Überlebende

aus der Zeit von Atlantis, sind sich gewahr, dass eine neue Art von Licht von der Sonne kommen wird.
Drunvalo arbeitet schon seit einiger Zeit mit einer Survival-Gruppe von Mayas im guatemaltekischen Dschungel. Hierzu gehörte die intensive Zusammenarbeit mit einem Maya-Schamanen namens Hunbatz Men. Was diese Gruppe tat, war, das neue Licht der Sonne zu stabilisieren und zu integrieren, so dass es zur Entstehung des Bewusstseins der vierten Dimension beitragen kann. Vor etwa zwei Jahrenkam einer von Hunbatz Leuten auf Drunvalo zu und informierte ihn über einen Stamm, der in einem abgelegenen Dschungel Kolumbiens lebt.
Vielleicht habt ihr vor einiger Zeit einen Fernsehfilm der BBC über einen noch annähernd unbekannten kolumbianischen Stamm gesehen, der bis zu dem Zeitpunkt, als der Film gedreht wurde, scheinbar in völliger Abgeschiedenheit lebte, ohne Kontakt mit der sogenannten zivilisierten Welt. Der Film trug den Titel »From the Heart of the World – The Elder Brothers' Warning.«* Dieser Stamm – *die Kogi* – hatte den Filmemachern erlaubt, ihnen einen Besuch abzustatten und sie zu filmen, weil sie eine Botschaft übermitteln wollten. Sie sagten, dass ihr heiliger Berg, den sie »das Herz der Welt« nannten, im »Sterben« läge, und wenn er stürbe, würde auch die ganze Welt sterben. Offenbar hatten meteorologische Veränderungen, die durch die Umweltverschmutzung entstanden waren, die der moderne Mensch hervorgerufen hat, im Herzen der Welt eine Dürre verursacht sowie einen katastrophalen Mangel an Schneefällen. Sollten diese Bedingungen länger fortbestehen, sähen sie das Leben der Erde selbst in Gefahr. Sie sagten, dies sei ihre erste und einzige Warnung an uns, und danach würden sie keinen weiteren Kontakt mehr mit uns aufnehmen. Vor kurzem jedoch scheinen sie es sich anders überlegt zu haben und setzten sich mit Drunvalo in Verbindung. Er hat dabei von den Kogi gelernt und darüber, wie seine Arbeit innig mit ihrer Sicht der Dinge in Verbindung steht.
Die Kogi haben keine Wortsprache in unserem Sinne. Sie kommunizieren telepathisch über kleine Laute, die aber keine Worte sind. Diese Laute stützen sich, anders als die zivilisierte Sprache, auf keinen Code. In unserer Sprache werden Wort-Klänge mit einer jeweils mehr oder

* Deutschsprachige Infos, unter: www.satjanas.de/kogi.htm(Anm. d. Übers)

weniger festgelegten Bedeutung kombiniert, um Gedanken über die Welt darzustellen. Die Klangkommunikation der Kogi geht auf etwas viel Tiefgründigeres und Älteres zurück, das wahrscheinlich auch unserer Sprache zugrunde liegt, aber wie so viele andere Entwicklungen in der Zivilisation von anderem überlagert wurde und aufgrund der immensen Vorteile, die derartige Entwicklungen mit sich bringen in Vergessenheit geriet. Die Geräusche, die die Kogi von sich geben, sind sehr leise, artikulierte »Herzlaute« – leise Töne, die spontan aus dem Herzen aufsteigen. Werden sie hervorgebracht oder gehört, so lassen sie innerliche Bilder vor uns entstehen – die gleichen Bilder entstehen im Geist der Person, von der sie ausgehen und der Person, die sie hört. Es scheinen Laute aus der Traumzeit zu sein, jener Ebene des Daseins, die alle Menschen innerlich miteinander teilen, die aber durch das bewusste Leben überlagert ist oder, anders formuliert, auf der zweiten Ebene des Bewusstseins nicht wahrnehmbar.
Die *Kogi* haben sich auch den Einsatz ihres Lichtkörpers bewahrt und können über die Erde reisen, ohne physisch die Abgeschiedenheit ihres Dschungels zu verlassen. Sie haben die derzeitigen Geschehnisse auf der Erde beobachtet, sich jedoch noch nie zuvor um Kommunikation mit uns bemüht. Da ihnen aber sehr bewusst war, welcher Gefahr das Herz der Welt, ihr heiliger Berg ausgesetzt ist, kamen sie zu dem Schluss, dass hier wohl drastische Maßnahmen notwendig wären. Was sie sahen ist, dass wir Menschen nicht nur ohne die entsprechende Wahrnehmung oder das entsprechende Bewusstsein sind, beziehungsweise schlafen. Sie glauben, dass wir in Wirklichkeit tot sind! Sie sagten, dass die Lebenskraft in dem »Traum«, den wir geschaffen haben, um ihn zu leben, so schwach sei, dass wir nur ein Spektralschatten dessen seien, was wir sein könnten; dass wir so schwach vor uns hin glömmen, dass wir nur mit Mühe und Not real wären, und dass wir durch den groben Missbrauch unseres eigenen Bewusstseins im Begriff stünden, die ganze Welt in unsere Schattenexistenz mit hineinzuziehen.
Die *Kogi* gingen davon aus, dass wir am 11. August 1999, dem Datum einer wichtigen Sonnenfinsternis, einfach wieder in unseren eigenen schwachen Traum hinein verblassen und unsere ansatzweise vorgestellte Welt dabei mitnehmen würden. Nur sie und die Mayas – bei denen sie beobachtet hatten, dass auch sie sich ihren Lichtkörper erhalten haben – würden überleben. Doch der 11. August kam und ging, und wir sind noch immer da. Als sie noch einmal näher hinsahen, um her-

auszufinden, ob sich irgendetwas verändert hatte, nahmen sie wahr, dass da tatsächlich etwas anders geworden war: Auf der ganzen Welt gab es Menschen, die wach für ihren Lichtkörper geworden waren! Zudem hatten wir in unserem kollektiven »Traum« genug Lebenskraft geschaffen, um die Existenz der alten Welt aufrecht zu erhalten – nicht exakt die, die wir gehabt hatten, aber jedenfalls eine parallele Wirklichkeit in der das Desaster, das in der alten Welt unvermeidbar war, nicht eintreten würde. Da sie sahen, dass es teilweise auch auf Drunvalos Anleitungen zur Erweckung der inneren *Merkaba* zurückging, dass dieses Wunder eingetreten war, begannen sie mit ihm in Kontakt zu treten, und er erlernt derzeit tatsächlich ihre »Herzlaut«-Sprache und wurde instruiert, sie uns ebenfalls beizubringen.

Viele parallele Welten

Es scheint also möglich, dass das, was nicht nur die *Kogi*, sondern auch viele weitere Propheten vorhersagen, tatsächlich eingetreten ist! Die Pole haben sich womöglich verschoben und die Erde mag aufgrund krasser geophysischer Katastrophen oder der menschlichen Technologiearroganz und Torheit in Trümmern liegen. Es kann sein, dass das zwar eingetreten ist, dass wir aber nicht mehr in der Welt leben, in der es geschah. Das mag sehr merkwürdig klingen, zweifellos, aber wir haben vielleicht wirklich die Verlagerung in eine parallele Wirklichkeit erlebt – eine Wirklichkeit parallel zu der, die prophezeit wurde.
Es ist, als würde uns etwas dazu bringen, eine Abzweigung in eine Realität vorzunehmen, die eine Alternative zu den prophezeiten darstellt. Hier meine Spekulation über die Ursachen dessen: Die Einmischung der Sirianer in unsere eigene Evolution in Verbindung mit individueller und kollektiver innerer Arbeit könnte uns erlauben, an den Katastrophen vorbeizukommen und auf eine neue und unerhörte Weise in die höhere Dimension zu gelangen: keine Polverschiebung, keine Katastrophen. Vielmehr eine allmähliche Minderung des zeitlichen Abstands zwischen Gedanke und Manifestation.
Was jedoch ist aus der Welt der Prophezeiungen geworden? Waren die Prophezeiungen schlichtweg falsch? In so vieler Hinsicht sind sie richtig gewesen, und das im Fall des Bibelcodes, wie wir noch sehen werden, auf spektakuläre Weise. Es scheint ein unmöglicher Gedanke, dass prophetische Traditionen und Instrumente, die so akkurat waren, sich plötzlich irren sollen. Doch die *Kogi* präsentieren uns noch eine wei-

tere Möglichkeit: dass wir in einem Paralleluniversum zu dem leben, in dem die Katastrophen in Wirklichkeit bereits eingetreten sind! Die Katastrophen sind in der Tat geschehen – aber in einer anderen Welt. Ich will, dass ihr diesen Gedanken jetzt etwas weiterspinnt, damit euch klar wird, inwiefern das tatsächlich der Fall sein könnte.

Es gab in der ursprünglichen Serie »Raumschiff Enterprise« eine Folge, in der die Enterprise in eine Art Zeit-Energie-Anomalie hineingerät. Mit einem Mal gibt es eine parallele Enterprise, auf der durchaus die gesamte Besatzung – Mr. Spock, Captain Kirk, Scotty und wie sie alle heißen – vorhanden ist, nur existieren alle so, wie sie wären, wenn ihre Persönlichkeit in ihrer Zeit als Offiziere der Sternenflotte nicht weitergewachsen und reifer geworden wäre. Alle dunklen Aspekte ihrer individuellen Persönlichkeit – Wut, Egoismus, sexuelle Gelüste und so weiter – werden mit einem Mal zu ihren vorherrschenden Eigenschaften, statt wie auf der »echten« Enterprise momentane »Ausraster« darzustellen, die dann in Erscheinung treten, wenn die ansonsten ausgeglichenen und verantwortungsbewussten Akteure unter irgendeinem ungewohnten Stress stehen. Es ist, als gäbe es ein alternatives paralleles Universum, in dem ihre persönliche Weiterentwicklung einfach nicht stattgefunden hat, und sie führen alle ein Leben in einem viel weniger hoch entwickelten Zustand. Meine Spekulation geht in die Richtung, dass möglicherweise etwas dieser Art gegenwärtig geschieht: Die Verwüstungen und Desaster – die Polverschiebung, der Zusammenbruch der Schwerkraftfelder und der ganze Rest – sind tatsächlich eingetreten. Aber da wir uns aufgrund der sirischen Intervention und unserer spirituellen Bemühungen auch in einem unvorhergesehenen Tempo entwickelt haben, sind wir in Wirklichkeit in eine parallele Welt umgestiegen, wo es uns gelungen ist, diesen schrecklichen Vorkommnissen aus dem Weg zu gehen – und sei es nur zeitweise. Das mag ziemlich weit hergeholt klingen, in Wahrheit jedoch ist es gar nicht so sehr anders ist als bestimmte Aspekte des Denkens heutiger Atomphysiker und Kosmologen.

In der modernen Quantenphysik gibt es eine Theorie, die man landläufig als die »Hypothese von den vielen Welten« bezeichnet. Die Quantenphysik befasst sich mit vielen interessanten paradoxen Phänomenen, die mit der Welt der Materie in kleineren Größenordnungen als die Atome zu tun haben – der Welt der sogenannten Elementarteilchen. Auf dieser Ebene besteht die Welt nicht aus voneinander unterschiedenen Materiepartikeln, sondern aus geradezu unvorstellbaren Phänomenen, die sich nur in mathematischen Formeln klar ausdrücken lassen. So wie ich es verstehe, ist ein Elementarteilchen nicht wirklich ein Teilchen oder auch nur ein gewöhnliches Objekt, sondern etwas, was man eine »Möglichkeitsfunktion« nennt. Obwohl der Gedanke recht abstrakt und abstrus ist, haben die Physiker diverse Anstrengungen unternommen, diese Wirklichkeit mehr oder weniger in Alltagssprache zu erklären. Das einzige Problem ist, dass die Ergebnisse immer dann, wenn man zu Gunsten der gewöhnlichen Sprache auf die klare und eindeutige Mathematik verzichtet, vollkommen paradox sind: Man bekommt Bilder von Welten, die angeblich real sind, aber reichlich merkwürdig wirken. Die »Hypothese von den vielen Welten« ist einer dieser paradoxen Versuche, die Welt der Elementarteilchen mit Hilfe einer gewöhnlichen Begrifflichkeit zu verstehen. Sie sieht in etwa so aus:

Der jeweilige Zustand eines Teilchens oder seine Umstände – seine Position im All, wie schnell es sich bewegt, wann es sich mit einiger Wahrscheinlichkeit verändern wird – steckt in einer Formel, die man als die »Möglichkeitsfunktion« bezeichnet. Diese Formel sagt aus, wie wahrscheinlich es ist – das heißt, wie gut möglich –, dass das Partikel sich auf eine bestimmte Weise verändert. Hier eine Analogie aus dem Alltag. Wenn ich morgens wach werde und sehe, dass es regnet, habe ich mehrere Möglichkeiten. Entweder ich gehe überhaupt nicht vor die Tür, oder ich nehme, wenn ich es tue, einen Schirm mit, oder vielleicht vergesse ich meinen Schirm, gehe einfach ohne nach draußen und lasse mich nass regnen. Das sind drei unterschiedliche Möglichkeiten, die eintreten können, wenn ich feststelle, dass es regnet. Nun lassen sich diesen Möglichkeiten jeweils verschiedene »Wahrscheinlichkeiten« zuordnen im Hinblick darauf, für welche ich mich wahrscheinlich entscheide. Eine »Möglichkeit« ist ein Zahlenwert, in dem der Grad der Wahrscheinlichkeit zum Ausdruck kommt, dass etwas Bestimmtes geschehen wird. Die Wahrscheinlichkeit für jede Möglichkeit würde davon abhängen, wer ich bin – ob ich ein viel beschäftigter Mensch bin und nach draußen muss, obwohl es regnet, oder ob ich es ruhig angehen lassen und mir leisten kann, überhaupt nicht nach draußen zu gehen; ob ich geistesabwesend bin und von daher geneigt, meinen Schirm zu vergessen, oder ein sehr praktisch denkender Mensch, der mit Sicherheit daran denkt. Es gibt also drei Möglichkeiten, und die Wahrscheinlichkeit, mit der eine von ihnen eintritt, hängt von meinen Persönlichkeitsmerkmalen ab. Die Analogie mit einem Elementarteilchen besteht darin, dass meine persönlichen Eigenschaften wie mögliche Zustände des Teilchens sind, und die Wahrscheinlichkeit, mit der sich dieses verändert, könnte man mit Hilfe der Wahrscheinlichkeitsfunktion ausdrücken. Nun ist im Hinblick auf das Elementarteilchen diese Funktion alles, was wir über es wissen. So die Quantenphysik. Die Physiker sagen gerne, dass das Teilchen seine Wahrscheinlichkeitsfunktion ist: Es ist die Wahrscheinlichkeit, mit der es sich auf eine der ihm möglichen Weisen verändert.

Wenn ein Ereignis tatsächlich eintritt – wenn das Partikel sich tatsächlich verändert –, so bricht die Wahrscheinlichkeitsfunktion, wie man so schön sagt, zusammen, das heißt, eine der Möglichkeiten wird realisiert, und die anderen werden in diesem Augenblick scheinbar eliminiert. Etwas von all dem geschieht wirklich. (Ich gehe nach draußen, oder ich tue es nicht. Ich vergesse meinen Schirm, oder ich vergesse ihn nicht.) Die anderen Möglichkeiten sind nun nicht länger Möglichkeiten, also haben wir es nicht mehr mit einer Möglichkeitsfunktion zu tun. Wir haben eine neue Tatsache. Doch da die Physiker denken, dass die Wirklichkeit des neuen Partikels seine Wahrscheinlichkeitsfunktion ist, ist diese neue Tatsache lediglich eine neue Wahrscheinlichkeitsfunktion, die seinen aktuellen Zustand und seine neuen Chancen beschreibt, in einen anderen Zustand überzuwechseln.

Nun stellt sich, da wir ja über das Teilchen nicht mehr wissen als die Wahrscheinlichkeit, mit der es sich verändern wird, die Frage: Was ist aus den Möglichkeiten geworden, die nicht eingetreten sind? Wo sind sie geblieben? Haben sie sich einfach in Luft aufgelöst? Waren sie von Anfang an irreal? Nun, für die Physiker besteht eine Möglichkeit, diese Fragen zu beantworten, in der Annahme, dass sie de facto alle auftreten, nur tun sie dies in Paralleluniversen zu dem, in dem wir unsere physikalischen Beobachtungen anstellen! Es ist, als würden in dem Moment, wo ich feststelle, dass es draußen regnet, drei verschiedene Universen zu existieren beginnen: In einem von ihnen habe ich beschlossen, besser zu Hause zu bleiben und keinen Fuß vor die Tür zu setzen, in einem bin ich nach draußen gegangen und habe meinen Schirm mitgenommen, und in einem dritten bin ich nach draußen gegangen und pudelnass geworden, weil ich den Regenschirm vergessen hatte. Jedes dieser drei Universen begibt sich dann auf seine eigene

Reise, völlig getrennt von den anderen und ohne von ihnen etwas mitzubekommen. Und in jedem dieser neuen Universen eröffnen sich neue Möglichkeiten, tritt eine neue Wahrscheinlichkeitsfunktion in Erscheinung, die wiederum mit Eintritt eines neuen Ereignisses »zusammenbrechen« wird, so dass das Universum sich jedes Mal, wenn eine Entscheidung fällt und aus einem Bündel Möglichkeiten ein Bündel paralleler Wirklichkeiten wird, unablässig in neue parallele Universen aufspaltet!

Das mag wie ein sehr bizarres Universum klingen, aber es gibt viele Physiker, die davon ausgehen, dass es wirklich das Universum beschreibt, in dem wir leben!

Ich erwähne das hier nur, um anzudeuten, dass es gar nicht ganz so weit hergeholt ist, wenn wir glauben, der Grund dafür, dass wir die vorhergesagten Katastrophen nicht erfahren haben, sei der, dass wir in Parallelwirklichkeiten zu der leben, in der sie eingetreten sind. Etwas ganz Ähnliches ist eine wichtige Spekulation in der offiziellen, wissenschaftlich abgesegneten physischen Wirklichkeit!

Der Übergang

Eine weitere Möglichkeit ist die, dass wir in einer Art Übergangszustand zwischen den Dimensionen leben. Paralleles Universum hin oder her – die meisten Umstände, die das Leben auf der Erde bedrohen, lassen es ganz so aussehen, als seien wir weit entfernt davon, in der vierten Dimension zu sein (wo sich die Wirklichkeit manifestiert, sobald wir einen Gedanken haben) oder in der dritten Bewusstseinsebene (wo uns allen spontan die Einheit allen Seins bewusst ist). Wir sind noch immer hier. Immer noch auf der dritten Dimension. Und nicht nur das – wir bewohnen einen Planeten, auf dem die bloße Möglichkeit des Lebens in Gefahr ist. Unser Missbrauch der externen Technologie, die wir bereits erfunden haben, hat unser Wasser und unsere Luft verseucht, Probleme mit unserem Ökosystem verursacht, Löcher in die Ozonschicht gerissen, natürliche Ressourcen erschöpft und den Planeten in einem solchen Ausmaß überbevölkert, dass keiner weiß, wie lange er noch in der Lage sein wird, uns Menschen ein Leben hier zu ermöglichen. Unsere dreidimensionale emotionale Unreife und Egozentrik, die kollektiven Auswirkungen der unabgeschlossenen Dinge aus unserer Vergangenheit sowie unsere begrenzte Auffassung von dem, was Menschen möglich ist, hat Feindschaft zwischen Rassen und Nationen geschaffen. Wohlstand und Zugang zu Macht haben sich zunehmend in den Händen einer kleinen Elite konzentriert, während ein immer größer werdender Teil der Bevölkerung in Elend, Armut und annähernder – wenn nicht sogar tatsächlicher – Sklaverei lebt. Aus der gängigen Perspektive von Wirtschaft und Politik ist es ein schlechter Witz, zu denken, eine Welt voller Harmonie und das Christusbewusstsein warteten gleich hinter der nächsten Straßenecke. Christusbewusstsein? Schwachsinn. Zuerst einmal müssen wir den Dreck wegräumen, den wir selbst gemacht haben – sofern wir überhaupt lange genug überleben, um diese Chance zu erhalten.

Man überlege gleichzeitig einmal, wie komplex die Welt, die ich in diesem Buch und in meinen anderen Büchern beschreibe, eigentlich ist. Sie umfasst viele Wirklichkeitsebenen: Die Präzession der Äquinoxe; den Konflikt zwischen Michael und Luzifer; die Geschichte des Menschengeschlechts im Hinblick auf die Sirianer und Nefilim; den Sonnenpuls von 1972 und das holografische Schutzfeld; die Rolle der heiligen Geometrie; eine der fünf Bewusstseinsebenen und die hundertvierundvierzig Obertöne der Oktav. Es ist, als begännen wir eine phantastische, multidimensionale Wirklichkeit wahrzunehmen. Es ist fast so, als würden wir, indem wir diese Geschichte bis zum Ende verfolgen, erleben, wie viele Dimensionen die Wirklichkeit selbst hat und dass sie sich auf vielen Ebenen oder Stufen gleichzeitig ereignet. Etwas tut sich, kommt ins Blickfeld, das sehr anders ist als die gewöhnliche dreidimensionale Welt, die für die letzten dreizehntausend Jahre der Kontext der Weltgeschichte gewesen ist.

Nichtsdestoweniger kann es gefährlich sein, zu denken, unser Aufstieg auf die vierte Dimension sei ein festgelegter Kurs und alles sei ein für alle Mal »festgeschrieben«, und wir befänden uns auf einer Freifahrt zum hyperdimensionalen Schlaraffenland. In einem gewissen Sinne müssen wir, bevor wir entsprechend aufsteigen können, erst einmal hinab.

Um in den Himmel zu kommen, müssen wir zunächst einmal auf die Erde

Wir können nicht einfach in den Zustand aufsteigen, in dem man sich auf der vierten Dimension befindet, ohne für unerledigte Dinge auf der dritten Dimension Sorge getragen zu haben – als Individuen und kollektiv. Oder besser gesagt, wir können es schon, aber in dem Maße, in dem wir es tun, wird es ein reichlich unruhiger Übergang werden, und wir werden am Ende alles Unerledigte weiter mit uns herumschleppen. Das ist uns auf der individuellen Ebene so ergangen, als wir von der höheren Dimension auf Atlantis dorthin kamen, wo wir die letzten dreizehntausend Jahre gewesen sind. Oder man denke an die Marsbewohner und daran, wie sie sich von den restlichen Atlantern abspalteten und eine ganze Menge traumatischer und dramatischer Ereignisse herbeiführten, die dann zu Unerledigtem wurden, etwa das Desaster mit den gegenläufig rotierenden Energiefeldern im Bermuda-Dreieck und die fortlaufenden und verstohlenen Bemühungen der »heimlichen Strippenzieher«, die Kontrolle über die Welt an sich zu reißen. Ohne also die unterdrückte Energie zu lösen und für uns Unvollständiges zu integrieren, könnten wir in einem gewissen Sinne aufsteigen, aber wir können nicht erwarten, dass die goldene Verheißung eines Daseins ohne Konflikte und in einem Zustand perfekter Harmonie mit dem gesamten Sein Wirklichkeit wird, wenn wir selbst innerlich völlig daneben sind. Um wirklich aufzusteigen, müssen wir zunächst einmal hinabsteigen – in die Eingeweide unserer Natur, und uns mit dem befassen, was wir dort vorfinden. Und das ist nicht immer leicht.

Bei vielen von uns ist nach lebenslanger Unterdrückung so viel von dem Raum in unserem Körper von unterdrückter Energie und unterdrückten Erinnerungen in Anspruch genommen. dass wir es kaum aushalten, überhaupt in unserem Körper zu leben. Die meisten Menschen leben nicht wirklich in ihrem Körper, aus dem einfachen Grund, dass sie nicht wirklich atmen. Schon seit ihrem ersten Atemzug halten sie die Luft an. Je mehr man aber die Luft anhält, desto unangenehmer wird es, in diesem Körper zu sein. Es sammelt sich einfach immer weiter unerledigter »Kram« an und nagt an uns, und je mehr das der Fall ist, desto mehr musst du deine Aufmerksamkeit von deinem Körper weglenken, also hältst du noch mehr die Luft an. Es ist ein Teufelskreis. Würdest du in einem Haus wohnen, in dem du seit zwanzig Jahren nicht mehr sauber gemacht hast, so würdest du wahrscheinlich nicht viel Zeit zu Hause verbringen wollen! Wenn Menschen das Innere ihres Körpers nicht gereinigt haben, geht es ihnen ganz genauso: Sie halten sich dort nicht gern lange auf.

Man kann sich unmöglich vorstellen, wie das mit dem Aufstieg und der Wirklichkeit der vierten Dimension wirklich ist. Eines jedoch wissen wir sicher: Dass dazu eine Intensivierung unseres Gefühls für das

Unmittelbare gehört – des Jetzt – der Gegenwart. Wenn wir nicht in unserem Körper leben, haben wir keinen Zugang zur Gegenwart. Wir meiden die Gegenwart, indem wir uns in Phantasien und alle erdenklichen geistigen Konstrukte flüchten. Wenn unser Körper von unbewussten Gebilden in Beschlag genommen ist, können wir nicht in ihm präsent sein, und wir können auch nicht präsent sein für das, was im Hier und Jetzt um uns herum geschieht. Würde man uns plötzlich in einen Zustand auf der vierten Dimension schleudern, wo uns nichts anderes übrig bleibt, als in der Gegenwart zu sein, so wäre das ein schrecklich unangenehmes Erlebnis. Wir würden gegen unsere Widerstände prallen. Alles, was wir unser ganzes Leben lang zu vermeiden versucht haben, würde ans Licht gezerrt. Wir würden versuchen, das unter aller Anspannung zu unterdrücken, und der Konflikt würde unerträglich.

Was auf uns individuell zutrifft, trifft parallel ganz genauso auch kollektiv betrachtet zu. Es ist, als würden wir alle kollektiv die Luft anhalten, während wir zulassen, dass sich der Gestank der Luftverschmutzung und die Belastung unserer Gewässer immer weiter akkumuliert. Wir versuchen, für uns eine künstliche Umgebung zu erschaffen, während unsere natürliche Umgebung immer weniger Lebensraum sein kann und die Ökosysteme, die das Leben auf der Erde benötigt, dahinwelken. Wenn du meinst, Aufstieg auf höhere Ebenen sei lediglich ein Weg, aus deinem eigenen beschmutzten Nest zu entkommen, so vergiss es schleunigst. So funktioniert das nicht mit dem Aufstieg.

Damit der Aufstieg auf höhere Ebenen stattfinden kann, muss an zwei verschiedenen Fronten ein massives Reinemachen stattfinden. Wir müssen im Äußeren und kollektiv die Aufräumarbeit leisten, und wir müssen es innerlich und als Einzelne tun. Beides ist letztlich durch und durch miteinander verwoben. Die innere Reinigungsaktion ist das, was in diesem Buch hier immer wieder beschrieben wird: Ein innerliches Umfeld der Geborgenheit und des Vertrauens zu schaffen, indem wir deklarieren, dass wir bereits jetzt spirituelle Wesen sind und zulassen, dass für uns Unvollständiges an die Oberfläche kommt, dass die Energie dahinter freigesetzt wird, und uns für die Gesamtheit allen Seins zu öffnen. Nur das kann es uns ermöglichen, in einen Zustand zu gelangen, wie er in der vierten Dimension anzutreffen ist und in dem die Probleme mit der Umweltverschmutzung schlichtweg nicht existieren. Doch es muss auch ein Reinemachen im Äußeren stattfinden.

Zum Reinemachen in der Außenwelt gehört die Anwendung verschiedener Formen von Technik, innerlich wie äußerlich, die uns derzeit zu Verfügung stehen. Es gibt zum Beispiel eine besondere Art Wasser, die ein Wissenschaftler in der Türkei erfunden hat. Sprüht man dieses Wasser auf die Oberfläche selbst der verschmutztesten Flüsse oder Seen und lässt es absinken, so kann es diese Gewässer reinigen. Dieses Hilfsmittel – fast ein Zaubermittel – existiert tatsächlich. Doch aus irgendeinen Grund kommt das Wasser nicht auf den Markt. Man diskutiert in Wissenschaftskreisen nicht darüber. Es scheinen heute dunkle Mächte in der Welt zu wirken, die verhindern, dass es das Labor verlässt und angewendet wird. Ob diese Kräfte die Machenschaften der heimlichen Strippenzieher sind oder ob es damit zu tun hat, dass keine Möglichkeit besteht, daran viel zu verdienen, wenn man es auf den Markt bringt, kann ich nicht sagen. Ich weiß nur, dass es so ist, als wäre der Planet selbst noch nicht ganz so weit, etwas anzuerkennen, das in Wirklichkeit eine ganz simple Lösung für das gesamte Problem mit der Umweltverschmutzung sein könnte – vielleicht deshalb, weil die Verschmutzung als solche sich so stark mit unserem eigenen inneren Zustand deckt. Würden wir in uns aufräumen und uns für das Mögliche öffnen, so wäre es überhaupt kein Problem, einen Weg zu finden, wie wir äußerlich Hausputz machen können. Aber es scheint, als wären wir noch nicht ganz so weit, also tauchen alle erdenklichen Hindernisse auf, die die Anwendung bereits existierender technologischer Errungenschaften blockieren.

Das gleiche gilt für die sogenannte Energiekrise. Ein enormer Teil der Probleme, vor die wir uns in Sachen Umwelt gestellt sehen, haben mit dem Energiebedarf zu tun, der gedeckt sein muss, um unsere Industrie in Gang zu halten, unsere Kraftfahrzeuge anzutreiben und unsere Häuser zu beheizen. Wir machen weiter damit, Wasser und Böden mit Ölteppichen und sonstigen Formen einer nuklearen und chemischen Kontaminierung zu verschmutzen, die von unseren unsauberen und unsicheren Energiequellen herrühren, während die Möglichkeit, unbegrenzte Mengen an sauberer, »freier« Energie und die hierzu erforderliche Technik bereits seit fast einem Jahrhundert bekannt ist. An der Geschichte von Nikola Tesla können wir studieren, wo wir in dieser Sache stehen. Tesla war ein serbisches Genie, das den Wechselstrom und Dutzende der weiteren technischen Erfindungen hinter der elektronischen Revolution erdachte, die in der modernen Welt etwa Anfang des zwanzigsten Jahrhunderts eingeläutet wurde. Tesla hatte herausgefunden, wie man die Energie des Äthers anzapfen kann – eine unbegrenzt verfügbare, »freie«, saubere Energiequelle, die keine mit Abfallproduktion einhergehende Verbrennung erforderte und die ganze Welt mit allem an Energie hätte versorgen können, die sie brauchte. Das Problem war, dass er keine Rückendeckung für seine Weiterentwicklung dieser Entdeckung erhielt, denn als J. P. Morgan, der Financier hinter der wachsenden Stromindustrie, erfuhr, dass man freie Energie nicht »messen« konnte, um aus ihrer Verfügbarmachung Kapital zu schlagen, blockierte er Teslas Bemühungen. Heute gibt es eine ganze Unterwelt von Wissenschaftlern, die mit diversen Formen von freier Energie experimentieren, mit Solarenergie, Windenergie und so weiter, doch sie stoßen auf die gleiche Art von Widerstand.

Es hat also ganz den Anschein, als seien die Hilfsmittel für die äußerliche Reinigung der Welt bereits zum Greifen nah. Diese Mittel sind allesamt Bespiele für eine von der linken Gehirnhälfte ersonnene Technologie. Aber ich habe den starken Verdacht, dass das wahre Geheimnis darin liegt, dass wir lernen müssen, die Technologie der linken Gehirnhälfte bei einem offenen Herzchakra anzuwenden, und dass das der Schlüssel ist dafür, dass sie allgemein verfügbar wird. Solange wir an Technik und Technologien als etwas herangehen, das Gewinn bringen soll und absolut unpersönlich und losgelöst von unserem Innenleben ist, werden wir unsere Probleme nie mit Hilfe dieser Mittel lösen.

Die Indigo-Kinder

Eine andere Weise, durch die eine Verschiebung hin zu einem höheren Bewusstsein auftreten könnte, ist die offenkundige Mutation des menschlichen Erbmaterials. Es zeigen sich neue Arten von Menschen auf der Erde – Wesen, die sehr gut die Träger einer höheren Bewusstseinsform sein könnten. Uns dämmert gerade erst, dass diese Kinder unter uns sind, und niemand weiß mit Sicherheit, wer sie sind, was sie hier wollen und worauf ihre Gegenwart in Wirklichkeit hindeutet. Drunvalo und ich glauben jedoch, dass sie durchaus Vorboten der bevorstehenden Verlagerung auf eine andere Dimension sein könnten. Sie weisen eine Menge Merkmale auf, die genau denen entsprechen, die wir erwarten würden, sollte die Verschiebung über eine grundlegende Verwandlung unseres Genmaterials erfolgen.

Eine Kategorie unter diesen neuen Wesen sind die sogenannten »*Indigo-Kinder*«. Zum ersten Mal wahrgenommen wurden sie von einer paranormal besonders begabten Frau namens Nancy Ann Tappe, die das spezifische Farbspektrum wahrnehmen kann, das in der menschlichen Aura dominiert.
Nancy Ann Tappe konnte also die »Lebensfarbe« von Individuen »sehen«. Ihr zufolge gibt es eine gewisse Basistypologie an menschlichen Auras, die in Form der vorherrschenden Farbe den Persönlichkeitstyp wie auch den Auftrag zeigt, den der betreffende Mensch in seinem Leben zu erfüllen hat und zu welchen Lernzwecken er auf die Welt gekommen ist.
Dieser Frau fiel auf, dass sich das Spektrum der Farben, die sich in der menschlichen Aura zeigen, im Laufe der Geschichte verändert hat. So zum Beispiel stellte sie fest, dass die Persönlichkeitstypen, die mit den Farben Fuchsia und Magenta in Verbindung standen, Anfang des zwanzigsten Jahrhunderts verschwunden waren. Sie erwartete, dass gegen Ende dieses Jahrhunderts ein neuer Persönlichkeitstypus in Erscheinung treten würde, mit zwei neuen Farben, die jetzt statt der alten vorherrschen würden. Irgendwann gegen Ende der siebziger Jahre konnte sie feststellen, dass mit einem Mal Kinder geboren wurden, bei denen die dominante Farbe in ihrer Aura ein Dunkelblau oder *Indigo* war. Frau Tappe ist nicht sicher, wann die *Indigos* begannen hierher zu kommen, aber für ihr Empfinden sind heute neunzig Prozent aller Kinder unter zehn Jahren *Indigos*, und über kurz oder lang werden alle dieser Kategorie angehören.
Seit der Entdeckung der *Indigos* durch Nancy Ann Tappe sind diese auch Psychotherapeuten aufgefallen. Lee Carroll und Jan Tober haben über sie ein Buch herausgebracht, das Eltern helfen soll, mit der Belastung umzugehen, da diese Kinder wirklich sehr anders sind als andere Kinder. Das Buch trägt den Titel Die *Indigo-Kinder**. Die Autoren listen zehn Merkmale auf, durch die sich die *Indigos* von anderen abheben, und sie alle lassen darauf schließen, dass diese, wenn sie hierher auf die Welt kommen, erheblich wacher als andere Menschen sind, wenn es darum geht, wer sie als spirituelle Wesen sind. Das wiederum lässt darauf schließen, dass sie womöglich – zumindest teilweise – bereits auf einer viertdimensionalen Ebene leben könnten.

* erschienen im Koha-Verlag ISBN 3-929512-61-0

Ein *Indigo* zu sein hat jedoch durchaus seine Schattenseiten, und obwohl diese Kinder vielleicht tatsächlich hier sind, um dem gesamten Planeten den Weg zu einer neuen Bewusstseinsebene zu zeigen, können ihre außergewöhnlichen Fähigkeiten, sofern sie nicht verstanden und entsprechend behandelt werden, dazu beitragen, Desaster zu erzeugen, anstatt davor zu bewahren.

Hier die zehn Merkmale, die von den Autoren erwähnt werden (in meinen eigenen Worten):

1. Ein Gefühl, etwas Besonderes zu sein. Sie scheinen, ohne dass man es ihnen sagt, zu wissen, dass sie spirituelle Wesen sind, und so, wie sie sich tendenziell geben, spricht ein gewisses Empfinden für die eigene Würde und eine Gewissheit, zu wissen, wer sie sind.
2. Sie wissen, dass sie es verdienen, hier zu sein, und sind überrascht, wenn sie feststellen müssen, dass Ältere das nicht unbedingt so sehen. Vorstellungen wie »niedriges Selbstwertgefühl«, Schuldgefühle, Minderwertigkeitsgefühle oder Unterwürfigkeit verstehen sie nicht. Es ist, als würde sie das »Opfer-Bewusstsein« schlichtweg kalt lassen – zumindest, wenn man sie wertschätzt und ihnen den Raum gibt, sich eigenständig zu entwickeln.
3. Man braucht ihnen nicht zu sagen, wer sie sind, und sie brauchen keine Bildung und keinen beruflichen Status, um Selbstachtung zu entwickeln. Mitunter berichten sie Verblüffendes und Beunruhigendes über ihre eigene Natur.
4. Sie haben Probleme mit jeder ihnen auferlegten Form von Autorität. Nicht, dass sie respektlos oder von Grund auf Rebellen wären. Es ist nur einfach so, dass sie eine Autorität nicht verstehen, die ohne Erklärungen und ohne Bitte um ihre Zustimmung ausgeübt wird.
5. Es gibt Dinge, zu denen man sie einfach nicht bewegen kann. Zum Beispiel Schlangestehen! Sie weigern sich, Zeit zu verschwenden, nur um eine Regel zu befolgen, die sie alle in Reih und Glied stehen lässt.
6. Im Allgemeinen irritieren sie aufgezwungene Ordnung und Verhaltensmaßregeln oder Organisationen, die sie nicht dazu ermutigen oder ihnen nicht erlauben, ihre eigene Kreativität einzusetzen, um mit der Situation umzugehen.

7. Sie sind außerordentlich schöpferisch in sozialen Dingen. Sie finden spontane und positive Weisen des Umgangs miteinander, und sie durchschauen die gängige Art und Weise, Dinge anzugehen, sei es zu Hause oder in der Schule. Sie zeigen sich in der Regel wenig geneigt, den Regeln zu gehorchen, wenn sie Wege sehen, sie zu verbessern. Das lässt sie zu Nonkonformisten und Rebellen werden; ihr Grundmotiv jedoch ist, dass alles glatter und zum Wohl aller Beteiligten ablaufen soll.
8. Sie sind lieber mit anderen *Indigos* oder sonstigen Menschen auf ihrer Bewusstseinsebene zusammen und können unfreundlich oder sogar unsozial wirken, wenn sie nirgendwo in ihrem Umfeld Ihresgleichen antreffen. Dann können sie sich missmutig und introvertiert und ziemlich empfindlich dafür zeigen, missverstanden zu werden. In der Schule, wo man sie fälschlicherweise regelmäßig als lernbehindert oder hyperaktiv einstuft, kann das reale Probleme hervorrufen. Fehldiagnosen dieser Art sind recht gefährlich.
9. Es ist unmöglich, sie dazu zu bringen, sich zu »benehmen«, indem man sie in die Falle der Schuldgefühle tappen lässt oder ihnen mit Liebesentzug droht. Auf eine Weise, die Wesen aus niedrigeren Dimensionen sich kaum vorstellen können, wissen sie, wer sie sind, und nichts kann sie davon überzeugen, sich für minderwertig zu halten. Bedroht man sie, können sie sogar recht heftig werden. Nancy Tappe glaubt, dass es sich bei den Kindern, die etwa in den letzten zehn Jahren in gewalttätige Auseinandersetzungen mit Lehrern, Eltern oder Gleichaltrigen verwickelt waren, in jedem einzelnen Fall um *Indigo-Kinder* handelte.
10. Sie sind nicht schüchtern. Sie wissen, was sie brauchen und tun sich im Allgemeinen nicht schwer damit, es einem klar zu machen.

TEIL 4

Der Bibelcode

Bibelcode und Vorherbestimmung

Als Abschlusskapitel für dieses Buch möchte ich nun einen Bericht über den sogenannten »Bibelcode« beifügen.

In neueren Jahren haben Entdeckungen israelitischer und anderer Gelehrter Furore gemacht, die besagten, dass es sich beim hebräischen Text der Tora, den fünf Büchern Mose, in Wirklichkeit um einen komplexen Code handele, der Prophezeiungen und weitere Informationen über unsere Geschichte und wahrscheinlich auch über die Zukunft enthält. Zwei wichtige Bücher zu diesem Thema – *Der Bibel Code* von Michael Drosnin und *Die verborgene Botschaft der Bibel. Der Code der Bibel entschlüsselt* von Jeffrey Satinover – sind mittlerweile Bestseller. Sie erzählen, wie der Code entdeckt wurde und enthalten ausführliche Spekulationen über seine Bedeutung und Tragweite. Drunvalo Melchizedek zufolge jedoch gehen die im Bibelcode enthaltenen Informationen weit über das hinaus, was diese Forscher in ihren Untersuchungen feststellten: Er enthält in aller Ausführlichkeit die gesamte Akasha-Chronik von der Zeit des Aufstiegs von Atlantis bis zu einem Zeitpunkt im 28. Jahrhundert. Doch obwohl diese Chronik recht vollständig ist, sind bestimmte Punkte in sie eingebaut, wo Veränderung möglich ist, das heißt, wo wir eine gewisse Freiheit haben. Es ist noch nicht alles komplett entschieden. Der Code als solcher ist so aufgebaut, dass je nachdem, wie eingehend wir in seine Geheimnisse vorgedrungen sind, verschiedene Bilder unserer Zukunft darin eingebettet sind. Auf diese Weise verhält es sich mit dem Code wie mit der Wirklichkeit selbst: Was er enthält, ist eine Funktion unseres Bewusstseins davon.

Nachfolgend ein Bericht über das, was tatsächlich hinter dem Verfassen der Bibel sowie dem komplexen und wunderbaren Code steckt, dem sie ihr Dasein verdankt.

Die Hebräer

Als die tausend Aufgestiegenen Meister, die in Lemurien unterwiesen worden waren, auf einer der zehn Inseln des erst kurz zuvor aus dem Meer aufgetauchten Atlantis ankamen – der Insel Undal –, verliehen sie der Insel eine Struktur, die an ein lebendiges Gehirn erinnert: Sie errichteten eine Trennwand von Norden nach Süden, gut zwölf Meter hoch und sechs Meter breit, und dann eine kleinere von Ost nach West, so dass die Insel in vier Quadranten unterteilt war. Die beiden

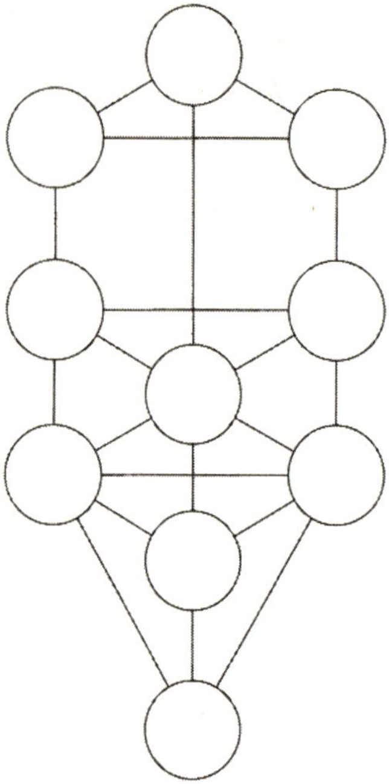

Abb. 4 - 1 Der Baum des Lebens

linken Quadranten entsprachen der linken, »männlichen« Gehirnhälfte; die beiden rechten der rechten, »weiblichen«. Die Meister teilten sich so auf, dass jeweils fünfhundert auf einer Seite anzutreffen waren. Dann projizierten sie sich in Form des Lebensbaums (Abb. 4.1) – eine der Formen, die man aus der *Blume des Lebens* erhalten kann (das Muster, aus dem sich alle individuellen Formen des Universums herleiten) – auf die Hauptinsel von Atlantis. Das Muster des Lebensbaums ist vielen, die dies lesen, vielleicht aus der hebräischen Kabbala und der kabbalistischen Tradition bekannt, die Bestandteil der abendländischen Esoterik ist. Wie die Beziehung zwischen dieser Form und dem hebräischen Volk tatsächlich aussieht, wird im Folgenden klar werden.

Der Baum des Lebens ist eine Figur, die aus zehn Kreisen besteht, die nach dem in Abbildung 4.1 angegebenen Muster angeordnet sind. Jeder dieser Kreise ist in Wirklichkeit ein wirbelnder Energiestrudel und steht für die zehn grundlegenden Typen von Energie, die bewussten Wesen zur Verfügung stehen. Wir alle gehören einem dieser Energietypen an. Wenn wir uns von anderen Wesen oder Orten oder Situationen stark angezogen oder abgestoßen fühlen, hat das viel damit zu tun, welche Resonanz sich in unserem speziellen Energiewirbel darauf findet. Auf dem Lebensbaum befinden sich zehn Strudel auf eine bestimmte Weise im Gleichgewicht, und die Beziehung zwischen den Energiestrudeln stellt die Möglichkeiten der Wechselwirkung zwischen verschiedenen Arten von Lebewesen dar.

Als der Baum des Lebens auf der Hauptinsel von Atlantis aufgebaut wurde, setzte man die Strudel in Gang, und diese schickten wirkungsvolle, sich dem Bewusstsein jedoch entziehende Wellen in Richtung der Lemurier, die nun der Drang überkam, nach Atlantis auszuwandern. Lemurien war zu diesem Zeitpunkt bereits komplett im Meer versunken. Die Lemurier waren eine hoch entwickelte Kultur, in der die rechte Gehirnhälfte betont wurde – ihre Intuition war sehr ausgeprägt –, also waren sie sich darüber im Klaren gewesen, dass das Ende nahte und hatten sich auf eine Wanderschaft zur Westküste des amerikanischen Kontinents aufgemacht. An dem Punkt, von dem hier die Rede ist, hatten sie bereits so weit südlich gelegene Regionen wie den Titicacasee und so weit nördliche wie den Mt. Shasta in Beschlag genommen. Nun fanden die Energiestrudel, die aus Undal kamen, bei Lemuriern des entsprechenden energetischen Typs ein Echo. In der Bevölkerung Lemuriens gab es jedoch nur noch acht von zehn möglichen Energietypen, und so existierten nach der großen Massenauswanderung nach Atlantis zwei energetische Strudel, die keine Lebewesen angezogen hatten.

Es ist an diesem Punkt wichtig, sich klar zu machen, dass die Energiewellen, die vom Baum des Lebens ausgingen, nicht nur in den dreidimensionalen Raum hinein ausgestrahlt wurden. Sie flossen zeitlich betrachtet sowohl vorwärts als auch rückwärts, und so erregten sie die Aufmerksamkeit zweier Spezies von Außerirdischen, eine aus tief vergangener Zeit, und die andere aus der Zukunft. Bei der Spezies aus der Vergangenheit handelte es sich um die alten Marsbewohner. Die Spezies aus der Zukunft waren die Hebräer. (Diese Hebräer sind übrigens sowohl die Ahnen als auch die Abkömmlinge der heutigen Juden, obwohl die Juden sich des Prozesses, den sie derzeit durchlaufen, nicht bewusst sind).

So geschah es, dass sich auf dem Kontinent Atlantis sowohl Marsbewohner als auch Hebräer befanden.
Die Marsbewohner kamen in der Tat aus Zeiten weit in der Vergangenheit – fast eine Million Jahre, um genau zu sein. Und um einem bereits abgrundtief gefährdeten Umfeld zu entrinnen, bauten die Marsbewohner eine »äußerliche *Merkaba*« und wanderten nach Atlantis – das heißt, zu einem Zeitpunkt rund neunhunderttausend Jahre in ihrer Zukunft oder fünfundsechzigtausend Jahre in unserer Vergangenheit.
Die Geschichte, die damit zusammenhängt, wie die Hebräer dorthin reisten, muss man sich Drunvalo zufolge so vorstellen:
Drunvalo weiß nicht, woher die Hebräer eigentlich ursprünglich gekommen waren. Aber er sagt, es habe sich um außerordentlich hoch entwickelte Wesen gehandelt, die im achtundzwanzigsten Jahrhundert leben, und irgendwie – wir verstehen nicht, wieso – begingen sie kollektiv einen enormen Irrtum in spiritueller Hinsicht. Die Konsequenzen davon waren so beschaffen, dass sie für sich selbst Umstände schufen, die unglaublich unangenehm waren. Da Wesen auf der vierten Dimension und jenseits von ihr unweigerlich durch ihre Gedanken auf der Stelle ihre Lebensumstände erschaffen, und da die Hebräer ja sehr hoch entwickelte Wesen waren, können wir uns nur vorstellen, dass ihr Fehler eben ihre Denkweise war. Aber worin er bestand, wissen wir nicht.
Auf jeden Fall passierte es ihnen, sagt Drunvalo, dass sie gezwungen wurden, einen Teil ihres Evolutionsprozesses noch einmal zu wiederholen. Ganz so, wie wenn man sie sich als Schulkinder vorstellt, die sozusagen »sitzen geblieben« waren und, sagen wir einmal, die vierte Grundschulklasse noch einmal wiederholen mussten. Nur dass für sie die Wiederholung des »Schuljahrs« bedeutete, in der Zeit rund fünfundsechzigtausendachthundert Jahre zurückzugehen – nach Atlantis, zum zweiten der beiden leeren Energiestrudel, um zu versuchen, ihr innerstes Sein umzuprogrammieren und den Fehler rückgängig zu machen, der bewirkt hatte, dass derart unvorstellbar schreckliche Bedingungen um sie herum Gestalt annahmen.
Nun existierten auf Atlantis bis zum Zeitpunkt seiner Zerstörung alle menschlichen Wesen auf der ersten Bewusstseinsebene, und von daher bestand, da ja jeder Zugang zur Traumzeiterinnerung hatte, kein Bedarf, die Schrift zu entwickeln, um Protokoll zu führen, was wann geschah.
Die Hebräer jedoch, die aus dem achtundzwanzigsten Jahrhundert auf

Atlantis eintrafen, wussten, dass eine Zeit kommen würde, wo das Menschengeschlecht den Zugang zu dieser Art von Erinnerungsvermögen verlieren würde. Um ihre Aufgabe jedoch zum Abschluss zu bringen, benötigten sie diesen Zugriff auf ihre eigene Vergangenheit (die aus ihrer Sicht gleichzeitig auch ihre Zukunft war, worauf ich gleich noch eingehen werde!). Auf jeden Fall machten sie sich daran – und wir wissen nicht genau, wann –, die gesamte Akasha-Chronik niederzuschreiben, von ihrer eigenen Zeit auf Atlantis bis ins achtundzwanzigste Jahrhundert hinein – sei es, dass sie sich an eine Form von Schrift »erinnerten«, die sie in ihren Tagen im achtundzwanzigsten Jahrhundert gekannt hatten, oder dass eine andere Form von Gedächtnis wirksam war, die weit vielschichtiger als entweder die Traumzeit oder das Leben waren. Die Einführung der Schrift als solcher wurde übrigens von Thoth selbst in den früheren Dynastien Ägyptens vorgenommen. Und der Grund warum er das tat war der, dass er wusste, dass das Schreiben das Traumzeitgedächtnis zerstören würde und die Menschheit von der ersten Ebene auf die zweite werfen würde. Obwohl das einen immensen Verlust mit sich zu bringen scheint – den Verlust des Bewusstseins der vierten Dimension und das Gewahrsein der Einheit allen Seins –, war es absolut notwendig. Notwendig deshalb, weil die Lösung der Aufgestiegenen Meister für das Problem, das sie auf Atlantis geschaffen hatten, darin bestand, die Entwicklung des menschlichen Bewusstseins zu beschleunigen. Wenn sie uns von der ersten auf die dritte Ebene bringen könnten – eine höhere Form des Einheitsbewusstseins –, so wäre damit das Problem gelöst. Doch um das zu tun, würden wir über die Zwischenstufe der zweiten Ebene gebracht werden müssen.

Drunvalos Engel sagten ihm, dass die Hebräer ihren eigenen Evolutionsprozess noch einmal durchlaufen mussten, um die Irrtümer zu berichtigen, die für sie in unglaublich schreckliche Bedingungen gemündet hatten. Das würden die Engel, wie sie erklärten, durch grundlegende Veränderungen an bestimmten Stellen in der Geschichte – und nur an diesen – erreichen. Aber bevor sie zur Vergangenheit zurückkommen würden, um ihre Evolution zu wiederholen, brauchten sie eine geschichtliche Landkarte, mit deren Hilfe sie die genauen Punkte, die verändert werden mussten, orten konnten. Das war der Grund dafür, warum sie auf eine bestimmte Weise die Akasha-Chronik bewahren mussten. Die Akasha-Chronik ist so etwas wie ein perfektes kosmisches Gedächtnis. Sie zeichnet die Spuren von allem auf, was je geschehen

ist, von allem, was irgendwer irgendwo je gedacht, gefühlt oder sich vorgestellt hat. Die Hebräer waren in der Lage, die Akasha-Chronik bis zu dem Moment, in dem sie sie aufzeichneten, bis in die letzten Einzelheiten zu registrieren, das heißt, bis zu ihrer Zeit im achtundzwanzigsten Jahrhundert. Und diese Chronik nahmen sie mit nach Atlantis zurück. Wie die Aufzeichnung erfolgte und wie sie die Chronik transportierten? Wir wissen es nicht. Wir wissen nur, dass die Tora zum Zeitpunkt ihrer Niederschrift – um das zehnte Jahrhundert vor Christus – in verschlüsselter Form das gesamte Wissen der Hebräer in Zusammenhang mit der Akasha-Chronik enthielt.
Naheliegenderweise konnte etwas Niedergeschriebenes in dem uns bekannten Sinn unmöglich alle Informationen enthalten, die in der Akasha-Chronik stecken. Man brauchte eine Möglichkeit, eine schwindelerregend riesige Menge an Informationen in einem relativ kurzen Text unterzubringen. Mit anderen Worten, die Hebräer mussten ein hoch wirksames Verschlüsselungssystem für Informationen entwickeln. Heute verstehen wir sehr gut, dass so etwas möglich ist, weil wir ja unsere Computer und die dazugehörigen Mikrochips haben, die ähnlich große Datenmengen auf winzigstem Raum speichern können. Was die Hebräer damals produzierten, waren die ersten fünf geschriebenen Werke, die unter dem Namen »Tora« bekannt wurden, die ersten fünf Bücher der Bibel, die Bücher Mose, die noch heute den Juden vertraut und ihnen heilig sind. Für die Rabbis aller Zeiten ist die Tora schon immer ein außergewöhnliches Buch gewesen, vom allmächtigen Gott geschaffen und von Moses den Kindern Israel auf dem Berg Sinai übergeben, während sie sich nach der Flucht aus Ägypten auf ihrer Wanderschaft durch die Wüste befanden.
Nach dem Untergang von Atlantis existierten die Hebräer wie alle anderen nicht mehr auf der Ebene der vierten Dimension, und so wussten sie nicht mehr genau, was es mit diesem Text, der ihr eigenes Werk gewesen war, in Wirklichkeit auf sich hatte. Schon allein seine Existenz war ein Geheimnis in der gesamten Zeitspanne zwischen dem Untergang von Atlantis und der Zeit vor etwa dreitausend Jahren, zu der die Hebräer zusammenkamen und den alten Staat Israel gründeten. Zu diesem Zeitpunkt wurde die Tora als solche offenbart, doch erinnerte man sich nur an ihre oberflächlichste Natur und gab diese an das Volk weiter: die Geschichten und Gesetze, die auf der rein wörtlichen Bedeutungsebene im Text enthalten sind.

Die Führungsspitze der Hebräer, die gelehrten Rabbis, die ihr Leben in den Dienst des Torastudiums gestellt hatten, bewahrten sich sogar noch eine dunkle Ahnung davon, dass es mit der Tora noch mehr auf sich hatte als Geschichten und Gesetze. Sie wussten, dass in diesen Schriftrollen Geheimnisse verborgen waren und wandten diverse Verfahren an, diese Botschaften zu entziffern. Tatsache ist, wie wir sehen werden, dass die Entschlüsselung der Tora – die Entdeckung, die man im Laufe der letzten zehn Jahre gemacht hat und die populärwissenschaftlich als der »Bibelcode« bezeichnet wurde – zuerst von orthodoxen jüdischen Gelehrten gemacht wurde, die sich auf traditionelle Weisen mit dem Studium der Tora befasst hatten.

Die Tora als Code im Rahmen der jüdischen Tradition

Ein besonderes Merkmal der hebräischen Schriftsprache, die diese besonders geeignet für mehrere Bedeutungsebenen macht oder dafür, einen Code zu beinhalten, ist die Tatsache, dass in ihr die Vokale gewöhnlich nicht mitgeschrieben werden. Das Hebräische sieht geschrieben ein wenig aus wie Stenografie, bei der man ebenfalls die Vokale auslässt.* Die bei einem solchen Vorgang entstehende Buchstabenkette wird so zu einem Code, bei dem es durchaus passieren kann, dass versehentlich die Wortgrenzen verschoben werden oder ein Wort anderes interpretiert wird.

Ein weiteres Kennzeichen der hebräischen Sprache, aufgrund dessen diese sich vorzüglich dafür eignete, Mehrfachbedeutungen und verschlüsselte Informationen zu enthalten, ist die Tatsache, dass jedem hebräischen Buchstaben auch ein numerischer Wert – eine Zahl – zugeordnet ist. Sieht ein hebräischer Leser eine Aneinanderreihung von Buchstaben, so sieht er gleichzeitig eine Aneinanderreihung von Zahlen. Die Rabbis sagten, wenn man die Zahlen addiert, die in Form von Buchstaben in einem bestimmten Wort vorhanden sind, so müsse jedes sonstige Wort, dessen Zahlen zusammengezählt die gleiche Zahl ergeben, in einer besonderen Beziehung zu dem ursprünglichen Wort stehen. So zum Beispiel erhielt man für die Worte »Einheit« und »Liebe« auf hebräisch zusammengezählt den gleichen numerischen Wert. Die

* bzw. nur sinnbildlich dargestellt, d. h. durch enge oder weite Verbindung der sie umgebenden Konsonanten, Hoch- oder Tiefstellung oder auch Verstärkung des nachfolgenden Konsonanten (Anm. d. Übers.).

Rabbis verfügen über viele Traditionen, die sich damit befassen, die zusätzlichen Bedeutungsdimensionen zu begreifen, die in der Tora enthalten sind, wenn man sie aus diesem Blickwinkel betrachtet. Diese Traditionen sind Teil des mystischen Aspekts der jüdischen Lehren – der Kabbala. Viele Rabbis verbrachten ihr ganzen Leben damit, die Tora nach diesen Bedeutungen zu durchforsten. Sogar im heutigen Israel und in jüdischen Gemeinden in anderen Teilen der Welt gibt es noch Rabbis, die sich hiermit beschäftigen.

Wenn nun also eine verschlüsselte Nachricht weitervermittelt wird, ist es sehr wichtig, dass jedes Symbol, das im Code enthalten ist, genau kopiert wird und dass bei der Abschrift keine Fehler unterlaufen. Ein einziger Irrtum könnte die Botschaft vollkommen unverständlich machen. Dementsprechend heißt es außerordentlich vorsichtig zu sein und darauf zu achten, dass sich keine Fehler einschleichen. In der jüdischen Überlieferung wurde die Tora immer mit größter Sorgfalt behandelt. Kopien der Tora dürfen nur von Hand angefertigt werden, auf bestimmten Arten von Pergament, und sie müssen auf Schriftrollen erfolgen, nie auf einzelnen Blättern. Eigens ausgebildete »Schreiber«, deren Dienst es ist, Toraabschriften zu erstellen, sind die einzigen Personen, die sich mit dieser Arbeit befassen. Unterläuft dem Schreiber beim Kopieren einer Schriftrolle auch nur ein einziger Fehler, muss die gesamte Schriftrolle zerstört werden. Kein Schmieren. Kein Radieren. Das Ergebnis dieser außergewöhnlichen Sorgfalt war, dass der uralte Text der Tora über die Zeit hinweg sehr exakt weitervermittelt wurde. In den schriftlichen Aufzeichnungen anderer antiker Völker – etwa der Römer oder Griechen – gibt es gewöhnlich viele voneinander abweichende Fassungen eines Textes, Varianten, die durch Fehler beim Kopieren über die Jahrhunderte hinweg entstanden sind. Nicht so bei der Tora. Schriftrollen, die in den vierziger Jahren unweit des Toten Meeres entdeckt und während des ersten Jahrhunderts der gleichen Ära niedergeschrieben wurden, sind identisch mit Abschriften der Tora, die uns aus dem Mittelalter oder aus neuerer Zeit überliefert sind.

Wie der Bibelcode funktioniert

Die Tora wie einen Code zu behandeln, war, wie erwähnt, schon immer Teil der jüdischen Tradition, und das ermöglichte es den Rabbis, viele tiefgründige und verborgene Bedeutungen zu entdecken, die unter der Oberfläche des reinen Bibeltextes verborgen lagen. Wenn Drunvalo jedoch vom Bibelcode spricht, meint er nicht diese Tradition, sondern noch recht neue Entdeckungen, die israelische Wissenschaftler mit Hilfe moderner Dekodierungsverfahren machten und die mit ausgeklügelten statistischen Analysemethoden überprüft wurden. Diese neuen Botschaften und Verfahren entdeckte ein Rabbi, der auf die bereits erwähnte herkömmliche Weise arbeitete – es besteht also ein Zusammenhang zwischen der jüdischen Überlieferung und dem Knacken des Bibelcodes. Enträtselt jedoch wurde der Bibelcode mit Hilfe von »Entschlüsselungsverfahren« (Methoden zum Knacken von Codes), die von den Alliierten während des zweiten Weltkriegs entwickelt wurden, die um die von den Nazis verwendeten militärischen Codes zu knacken.

Die Funktionsweise eines Codes ist faszinierend. Hier gleich eine Kostprobe. Zunächst einmal jedoch sollte ich sagen, welche Art von Botschaften man darin findet und wie die Wissenschaftler darauf stießen, dass diese völlig neue Variante von Nachrichten in der Tora zu finden war. Ich will vorausschicken, dass es da eine Überlieferung gibt, die auf einen berühmten Rabbi des Mittelalters zurückgeht. Man nannte ihn den »Gaon von Vilnius«*. Von diesem Rabbi existiert die Aussage, dass in der Tora absolut alles über die ganze Schöpfung stünde. Man glaubte, dass die Tora nicht nur eine Erzählung über die Erschaffung der Welt und die Weltgeschichte darstellte, sondern das Muster enthalten müsse, nach dem die Erschaffung der Welt stattgefunden hatte sowie die Matrix für die Geschichte überhaupt. Mit anderen Worten: Ein Blick in die Tora entspricht einem Blick in den Geist Gottes. Nicht, dass die Rabbis gedacht hätten, sie würden alle Seiten der Tora verstehen. Es war nur einfach so, dass die eingehende Beschäftigung mit ihr eine derart immense Bedeutung annahm, weil man durch das Studium und die Auslegung der Tora ja unmittelbar Anteil an den Gedanken Gottes hatte. Neben der Ausrichtung des eigenen Lebens auf ihre Lehren und dem Gehorsam ihren Gesetzen gegenüber war also auch bereits dieser Akt für sich genommen, das Studium der Tora, eine Art mystischer Andachtsübung.

Wie wir sehen werden, enthält die Tora, wie Drunvalo sagt, in der Tat

*Das Genie (Anm. d Übers.)

»alles«, aber auf eine Weise, die bei den Hebräern selbst in Vergessenheit geraten war.
Nun bestand eine andere Möglichkeit der Rabbis, in der Tora verschlüsselte Bedeutungen zu erkennen, darin, in der Buchstabenkette Worte zu finden, indem man jeweils die gleiche Anzahl von Buchstaben übersprang und dann die Worte las, die durch Aneinanderreihung der ausgewählten Buchstaben entstanden, wenn man die übersprungenen Buchstaben ignorierte. Man betrachte zum Beispiel einmal die folgende englische Buchstabenkette:

... cegyptsdhshggdhhermesdpjsgodsqujosstl
tpjggpsklmxhppuspmngss ...

Beginnen wir beim ersten hier auftauchenden »t« und überspringen die nächsten zehn Buchstaben, lesen den Buchstaben, auf dem wir dann landen, überspringen wieder zehn, und so weiter, so ergibt sich der Name »Thoth«:

... cegyp**T**sdhshggdh**H**ermesdpjsg**O**dsqujosstl
Tpjggpsklmx**H**ppuspmngss ...

Fährt man auf diese Weise fort, könnte man alle erdenklichen Arten von verborgenen Botschaften finden, indem man einfach nur die richtige Zahl von Buchstaben wählt, die es zu überspringen gilt und weiß, wo aufhören und wo anfangen. Das mag für sich genommen zwar ganz faszinierend sein, aber nicht sonderlich verblüffend. Was die Codeknacker jedoch entdeckten war, dass dann, wenn man den Text der Tora auf ein Raster brachte, wobei die Buchstaben, die man durch Überspringen ausgesucht hatte, in der gleichen Spalte untereinander standen, in den Reihen, die die ausgewählten Buchstaben kreuzten, weitere Worte erschienen, die signifikant mit dem so gebildeten Wort in Verbindung standen. Das Raster für die obige Stelle würde also so aussehen:

cegyp**T**sdhsh
ggdh**H**ermes
dpjsg**O**dsquj
osstl**T**pjggp
sklmx**H**ppuspmngss

Betrachtet man sich jetzt die Buchstaben, die sich entweder unmittelbar neben den Buchstaben T, H und O aus dem Namen »Thoth« befinden oder sich mit ihnen kreuzen, so hat man die Worte »egypt« (Ägypten), »Hermes« und »God« (Gott):

c**egypT**sdhsh
ggdh**Hermes**
dpjs**gOd**squj
osstl**T**pjggp
sklmx**H**ppuspmngss ...

Natürlich erscheinen die Worte hier an diesen Stellen, weil ich die Buchstabenkette absichtlich so konstruiert habe, dass bei einer Entschlüsselung nach dem entsprechenden Verfahren – nämlich, wenn man wüsste, wo anfangen und dann nur jeden zehnten Buchstaben herausgreifen und diese Buchstaben in einem Raster untereinander schreiben würde – die entsprechende Botschaft zu Tage tritt. Aber eines nach dem anderen.
Was die hebräischen Gelehrten früherer Tage wussten, war, dass die Namen bestimmter biblischer Propheten und anderer wichtiger Persönlichkeiten in Passagen der Tora verborgen waren, und zwar genau nach dem Verschlüsselungsprinzip, das ich gerade beschrieb. Und sie entwickelten ein Verfahren dafür, diese »kodierten« oder »verschlüsselten« Namen zu suchen. Ob man den Namen fand, hing davon ab, dass man zunächst einmal die richtige Anzahl von Buchstaben herausfand, die es jeweils zu überspringen galt. Die Suche nach dem kodierten Namen war dann eine Sache des Herumprobierens mit verschiedenen Intervallen – einer unterschiedlichen Zahl von Buchstaben, die man überspringen würde – bis der Name sich zeigte. Man konnte alle Intervalle durchprobieren, beginnend bei eins (d. h., jeweils einen Buchstaben überspringen), dann jeweils zwei, bis zur Gesamtzahl der Buchstaben in der Tora. Außerdem konnte man mit der ersten Stelle anfangen, wo der Anfangsbuchstabe des Propheten in der Tora auftauchte, und dann beim zweiten Mal weitermachen und so weiter. So hatte man zahlreiche Chancen, den Namen zu finden, den man suchte und konnte davon ausgehen, dass es, sofern man nur genug Zeit und Geduld hatte, nicht unwahrscheinlich war, ihn zu finden. Die Rolle der Computer beim Knacken des Bibelcodes bestand darin, dass es

durch sie möglich wurde, diese Suchläufe sehr schnell effektiv durchzuführen.
Man kann, wie ich bereits erwähnt habe, sehen, dass es sehr wahrscheinlich ist, den gesuchten Namen zu finden, wenn man die ganze Tora unter Anwendung der verschiedenen möglichen Intervalle durchsucht, angefangen bei allen Stellen, an denen der Anfangsbuchstabe des göttlichen Namens steht. Weitaus weniger wahrscheinlich ist jedoch, dass man Worte oder Aussagen entdeckt, die eng mit dem ausgewählten Namen zusammenhängen und ihn kreuzen oder sich in den Zellen unmittelbar um ihn herum befinden. Aber genau darauf stießen die Gelehrten.
Genau das war es, was die Aufregung auslöste. Denn es schien kaum plausibel, dass diese benachbarten Botschaften sich rein zufällig dort befinden sollten, und wenn sie da nicht zufällig standen, wie hätten sie dann dort hineingeraten sollen, es sei denn, jemand hatte sie gezielt dorthin gesetzt? Aber der allererstaunlichste Teil der Geschichte kommt erst noch.
Die Gelehrten gaben sich nicht mit den Namen von Gestalten aus der Tora allein zufrieden, sondern starteten zudem Suchläufe nach den Namen wichtiger Persönlichkeiten in der jüdischen Religionsgeschichte – vor allem Namen berühmter Personen in der Religionsgeschichte des Judentums, die meisten berühmte Rabbiner und Autoren – aus Zeiten lange nach der Entstehung der Tora. Und nun kann man raten: Richtig, auch die waren zu finden! Und nicht nur ihre Namen, sondern auch maßgebliche Informationen, die sich mit ihren Namen kreuzten.
Als Nächstes machten sich die Gelehrten auf die Suche nach den Namen von Persönlichkeiten, die für das jüdische Volk oder den Staat Israel aus anderen als aus religiösen Gründen wichtig waren. Sie suchten zum Beispiel nach dem Namen »Adolf Eichmann« und stellten fest, dass diesen die Zeile kreuzte: »Er vernichtete in Auschwitz ein großes Volk.« Sie schauten unter »Anwar Sadat« nach, dem ägyptischen Staatsoberhaupt, der einen Friedensvertrag mit Israel abschloss und dafür am 6. Oktober 1981 ermordet wurde. In Sadats Fall gaben die Worte in der Nachbarschaft seines Namens das Datum und den Ort seiner Ermordung an, ja sogar den Namen des Mörders. Alles das bedeutete, dass in der Tora nicht allein die Namen zukünftiger Personen erwähnt wurden, sondern auch, dass die Tora über zukünftige histo-

rische Ereignisse Bescheid wusste. Die Tora enthielt in verschlüsselter Form die zukünftige Geschichte. Wie konnte das sein? Schließlich schien das ja zu bedeuten, dass der Verfasser der Tora die Namen und Lebensumstände wichtiger Ausleger der Tora kannte, noch bevor diese geboren waren! Und zudem kannte er buchstäblich Tausende von Jahren vor ihrem Eintreten bestimmte Ereignisse in der Geschichte des jüdischen Volkes. Wer außer Gott sollte solche Dinge wissen? Der Bibelcode schien die göttliche Urheberschaft der Tora zu bestätigen.
Nun kann man sich vorstellen, welchen Aufruhr das unter den gläubigen Juden und Christen hervorrief. Aber man kann sich auch vorstellen, wie konsterniert Menschen darüber waren, die nicht an die Religion der Juden oder Christen glaubten, und welchen Aufruhr es bei ihnen erzeugte – Atheisten und andere, die der Vorstellung anhingen, dass die Bibel lediglich ein Sammelsurium von Schriften darstellte, die alle von Menschenhand stammten. Die Folge dessen war, dass man sich intensivst bemühte, herauszufinden, wo der Fehler in den Methoden der Gelehrten und in ihren Überlegungen lag – um aufzuzeigen, dass die Entdeckungen, allem Anschein zum Trotz, in Wirklichkeit nur dem Zufall zu verdanken waren.
Wir haben eine Wissenschaft, die sich damit befasst, festzustellen, ob etwas ein reines Zufallsprodukt ist oder Teil eines gezielten Musters: die sogenannte »Wahrscheinlichkeitstheorie«. In der Regel verwendet man sie dazu, auszurechnen, wie hoch die Trefferquote beim Pferdetoto oder beim Würfelspiel ist, sowie zur Berechnung der Ereignistabellen, auf deren Grundlagen Versicherungsprämien festgelegt werden. Die Statistiker und Experten auf diesem Gebiet gewannen großen Interesse daran, herauszufinden, ob die Existenz dieser verborgenen Botschaften wirklich so unwahrscheinlich war, wie es den Anschein hatte. Verschlüsselungsexperten von der Hebrew University in Jerusalem, der Harvard-Universität und aus dem Pentagon wurden hinzugezogen. Sie untersuchten den Code mit den strengsten Analysen, die man sich vorstellen kann.
Der Hauptpunkt, der eine angemessene Analyse des Codes erschwerte, war die Schwierigkeit, einigermaßen exakt festzulegen, wofür man die Wahrscheinlichkeit im Hinblick auf die Botschaften ermitteln wollte. Wenn etwa ein Würfel sechs Seiten hat, auf jeder steht eine Ziffer zwischen eins und sechs und der Würfel wurde nicht auf einer Seite beschwert oder ansonsten »getürkt«, so beträgt die Wahrscheinlich-

keit, dass eine bestimmte Zahl gewürfelt wird, bei jedem Durchgang exakt 1:6. Was jedoch könnte man beim Bibelcode diesen sechs Seiten gleich setzen? Wie könnte man berechnen, wie wahrscheinlich es ist, dass die Tora die Botschaften, die man in ihr scheinbar vorfindet, tatsächlich enthält beziehungsweise nicht enthält? Darin lag die Herausforderung für die Statistiker. Sie fanden heraus, dass es sich tatsächlich ermitteln lässt, die Berechnungsgrundlage dafür jedoch außerordentlich komplex ist. Die Ergebnisse sind bislang noch umstritten, obgleich die Analysen im Großen und Ganzen ergaben, dass zumindest einige der Ergebnisse so enorm unwahrscheinlich sind, wie sie uns intuitiv vorkommen. Was die Punkte anbelangt, bei denen man definitiv weiß, dass die Antwort positiv ausfiel – das heißt, sie stellen kein Zufallsprodukt dar –, so ist das Ergebnis dort geradezu verblüffend positiv. Mit anderen Worten, den Bibelcode gibt es wirklich. Bleibt also immer noch die Frage, mit der die Suche begann: Wenn der Code nicht vom Zufall geschaffen wurde, von wem dann sonst?

Der Bibelcode scheint ja nun in der Tat versteckte Botschaften über Menschen und Ereignisse zu enthalten, die mit der jüdischen Geschichte zusammenhängen sowie mit Zeiträumen lange nach der Entstehung der Tora. Man sollte meinen, dass dies bedeutet, dass Gott in der Tat nicht nur als Verfasser der Tora gelten muss, sondern dass die Geschichte selbst in ihrem Verlauf vorherbestimmt und festgelegt ist. Bedeutet das, dass eine Art absolutes Schicksal über die Ereignisse herrscht? Dass bereits feststeht, wie alles am Ende ausgeht, und dass es nichts gibt, was wir oder sonst jemand daran ändern können? Diese Fragen hatten die Bibelforscher im Kopf, als sie Fragen entwickelten, anhand derer sie den Bibelcode prüfen wollten, um festzustellen, was dieser alles enthielt. Es wirkte ganz so, als würden wir, wenn doch der Code Informationen über die Zukunft enthielt und wir diese korrekt interpretieren könnten, vielleicht in der Lage sein, Schritte zu unternehmen, durch die sich der vorhergesagte Ausgang des Ganzen umgehen ließe. Und dann erwiese sich die Vorhersage am Ende doch noch als falsch!

Hier wird deutlich, wie zentral diese Frage ist. Wir wissen – unabhängig vom Bibelcode – wie gefährlich die Umstände zu diesem Zeitpunkt auf der Erde sind. Diese Gefahr geht so weit, dass die nackte Existenz des Lebens auf dem Planeten bedroht ist. Und wir wollen natürlich wissen, ob es absolut vom Schicksal vorherbestimmt ist, dass diese Gefahren in einem kompletten Desaster münden, oder ob es eine Art von Ausweg gibt und, noch wichtiger, worin dieser Ausweg besteht. Nun, die Wissenschaftler fanden heraus, dass der Code sich zwar fast jedes Mal, wenn sie ihn überprüften, als korrekt erwies, aber gleichzeitig zeigte sich an ihm ein verblüffendes Merkmal, das darauf verwies, dass die ganzen zusammengesetzten Botschaften durchaus nichts absolut »Fatalistisches« hatten. Lasst mich erklären, warum.

Der offene Ausgang des Schicksals

Es gibt eine kleine Zahl historischer Ereignisse, die laut Bibelcode vorhergesagt wurden, sich dann aber de facto nicht ereigneten. So zum Beispiel existierte eine Vorhersage, dass Jerusalem durch eine atomare Explosion zerstört werden würde. Es werden die exakten Umstände ausgemalt, die damit einhergehen würden. Außerdem fand sich die genaue Angabe des Datums und der Uhrzeit. Als dieser Zeitpunkt jedoch eintrat, geschah nichts von alldem. In fast jeden anderen Fall, wo der Bibelcode ein bestimmtes Ereignis vorhergesagt hatte, war dieses auch eingetreten. Aber hier schien er versagt zu haben. Was bedeutet das? Nun, betrachten wir uns noch einmal unser Bild des Rasters, in dem der Bibelcode seine Bedeutungsschichten offenbart. Wir haben gesehen, dass außergewöhnliche Botschaften zu Tage traten, in den Reihen die durch die Spalten liefen, in der jeweils der überprüfte Name stand. Unter den sonstigen Buchstaben im Umfeld des Namens fanden sich jedoch mitunter noch weitere Worte und Satzfetzen, die ebenfalls von Bedeutung waren. So zum Beispiel stand unweit des Namens »Anwar Sadat«, wie schon erwähnt, der Name seines Attentäters in dem Raster. Was Wissenschaftler nun in Zusammenhang mit der Bombardierung Jerusalems herausfanden, war, dass bei einer »Erweiterung der Matrix« zusätzliche Botschaften im Hinblick auf die Frage in Erscheinung traten. Mit »Erweiterung der Matrix« meine ich, einen größeren Bereich um den ausgewählten Namen zu betrachten, so dass weitere Buchstabenkombinationen in Erscheinung treten und, sofern vorhanden, andere Botschaften gefunden werden konnten. Worauf die Fachleute im Bezug auf die nicht stattgefundene Bombardierung von Jerusalem stießen, war das Wort »aufgeschoben«, und etwas weiter entfernt die Frage: »Werdet ihr es ändern?« Offenbar war der Code selbst ganz und gar nicht fatalistisch, sondern enthielt bestimmte Botschaften dazu, an welchen Stellen sich Dinge ändern ließen und seine eigenen Vorhersagen zu umgehen waren. Ebenso wie bei den Prophezeiungen von Nostradamus oder Edgar Cayce sind zumindest einige der Prophezeiungen im Bibelcode in Wirklichkeit in der Hoffnung dort eingefügt worden, dass sie sich als falsch erweisen würden!

Diese Möglichkeit, »schicksalhafte« Ausgänge von Dingen zu umgehen, ist wirklich das Allerwichtigste am Bibelcode, denn sie birgt die Verheißung von Wegen, scheinbar unumgängliche Katastrophen »aufzuschieben«. Und wenn wir »es ändern«, das heißt, das erforderliche Umdenken einleiten, unsere einzelnen Gedanken ändern und unser inneres Erleben, lassen sie sich vollkommen vermeiden oder transformieren.

Drunvalo berichtet von zwei weiteren Fällen in allerneuester Zeit, wo es uns in der Tat gelang, Katastrophen einer Größenordnung zu vermeiden, die noch gigantischer war als die Detonation einer Atombombe über Jerusalem. Ich will die Geschichte hier erzählen, da sie im Hinblick darauf, wie diese Veränderungen vonstatten gehen können, etwas sehr Schönes veranschaulicht. Um der Logik willen gebe ich zunächst einmal die dritte und jüngste »falsche« Vorhersage wider.

Diese Prophezeiung hatte mit den Unruhen im Kosovo im Frühjahr 1999 zu tun. Sie lautete, dass die Ereignisse im Kosovo am 8. April eine Kettenreaktion auslösen würden, die zum dritten Weltkrieg führen würden.

Nach dem zu urteilen, was die Engel Drunvalo gesagt hatten, gab es Elemente in Jugoslawien, die heimlich mit Saddam Hussein in Verbindung standen, und der Grund dafür, dass die Probleme im Kosovo zu dieser Zeit eskalierten, war, dass diese Elemente die gesamte islamische Welt so weit in das Ganze verwickeln wollten, dass ein Dschihad erklärt würde. Dschihad bedeutet in letzter Konsequenz, wie vielleicht bekannt ist, dass ein »Heiliger Krieg« zwischen den Anhängern Mohammeds und allen Andersgläubigen erklärt wird. Das kann jedoch nur dann geschehen, wenn alle muslimischen Länder einstimmig der Meinung sind, dass dies zu dem betreffenden Zeitpunkt geboten ist. Saddam Hussein wollte – und will, soweit wir wissen, noch immer – erreichen, dass die muslimische Welt sich zu einem Krieg gegen den Westen zusammenschließt, und der einzige Weg hierzu führt darüber, zur Erklärung eines Dschihad aufzuhetzen. Das eigentliche Ziel des Golfkriegs 1991 war, aus Saddam Husseins Sicht, das Entfachen dieses »Heiligen Krieges«.

Ihr erinnert euch vielleicht daran, dass die Alliierten, nachdem sie die Irakis aus Kuwait hinausgejagt hatten, mit einer Invasion des Irak begannen, diese Invasion aber unvermittelt abgebrochen wurde, bevor Hussein selbst getötet oder gefangen genommen wurde beziehungsweise die irakischen Waffenarsenale vernichtet werden konnten. Damals war es schwer nachzuvollziehen, warum Präsident Bush die Beendigung der Invasion befahl, bevor er sie abgeschlossen hatte. Der Grund dafür war, dass die Geheimdienste der Alliierten herausfanden, dass Hussein große Mengen von Milzbrandbakterien in Jerusalem deponiert hatte, und bei einer Fortsetzung der Invasion des Irak wären diese freigesetzt worden. Man muss dazu sagen, die zweite Vorhersage war, dass in Jerusalem Milzbrandbakterien ausgesetzt werden würden.

Nach dem Golfkrieg gelang es Saddam Hussein, geheime Lager mit Milzbrandbakterien im Westen zu errichten. Sie könnten jederzeit im Handumdrehen freigesetzt werden – ein Anruf von Saddam Hussein, und der Dschihad würde beginnen. Aber, um es noch einmal zu sagen, ein Dschihad kann nur dann erklärt werden, wenn man sich in der muslimischen Welt darüber einig ist. Die dritte Vorhersage lautete, dass die Ereignisse im Kosovo diese Einigkeit herstellen würden, und damit begänne der Dritte Weltkrieg.

Drunvalo war gerade in Deutschland, um einen Workshop zu leiten, als dieser »Jüngste Tag«, der 8. April, kam, und er erfuhr von den Engeln, dass dieser Workshop der wichtigste sein würde, den er je gegeben hatte. Man klärte ihn über die sich anbahnenden Ereignisse im Kosovo auf, und dass der Workshop darüber entscheiden würde, ob diese Vorfälle zu einem Dschihad – und so zum Ausbruch des Krieges – führen würden, oder ob die Menschheit durch Drunvalo und die Workshop-Teilnehmerinnen und -Teilnehmer in der Lage sein würde, »es zu ändern«.

Nun existiert unter manchen Deutschen die Vorstellung, ebenso wie sie den Zweiten Weltkrieg begonnen hatten, könnten sie dies wieder gut machen, indem sie einen Dritten Weltkrieg verhinderten. In diesem Workshop waren ungefähr einhundert Personen. Drunvalo erklärte ihnen, dass das, was sie zu tun hätten, eine ernste Sache war, und sie verstanden. Damit hatten sie einen unglaublich wirkungsvollen Rahmen für ihre Aufgabe, wie man sich vorstellen kann. Sie setzten sich zusammen zur Meditation hin, und zwei Stunden lang ließen diese einhundert Menschen jede Faser ihres Seins zu einem Wesen verschmelzen, mit nur einer Zielsetzung. Es war, als seien sie als ein einziger Geist in das Zentrum der Erde eingedrungen. Dann kamen sie wieder zum Vorschein. Die Ereignisse im Kosovo geschahen. Nicht aber der Dschihad.

Diese Geschichte enthält zwei wichtige Botschaften. Die erste dreht sich darum, wie die Erschaffung eines bestimmten Rahmens unsere innerlich stattfindenden Übungen motivieren und mit Kraft aufladen kann. Die zweite lautet, dass der Weg, die Zukunft zu ändern, darüber führt, individuell und kollektiv unser inneres Sein weiter zu entwickeln. Die innerliche Arbeit, und nur sie, kann uns in eine parallele Wirklichkeit bringen und ermöglicht uns, Katastrophen zu umgehen, die ansonsten unausweichlich wären.

Die Zukunft des Möglichen

Nun ist diese Frage der »Veränderung der Geschichte« genau das, womit sich die Hebräer des einundzwanzigsten Jahrhunderts konfrontiert sahen, oder sollten wir sagen: »sehen werden«? Sie hatten eine unerträgliche Wirklichkeit erschaffen, und so unternahmen sie eine Zeitreise in die Vergangenheit, um zu versuchen, diese zu verändern. Das ist ein interessantes Beispiel dafür, wie wenig wir über die Funktionsweise von »Schicksal«, »Karma« und »Geschichte« wissen. Es scheint unmöglich, darüber nachzudenken, ob es möglich sein könnte, dass Ereignisse in der Zukunft Ereignisse in der Vergangenheit beeinflussen. Doch die Lektion, dass die Geschichte selbst sich verändern lässt, ist etwas, das wir außerordentlich ernst nehmen müssen. (Übrigens gibt es heute Physiker, die daran arbeiten, die Möglichkeit von Zeitreisen zu verstehen, und zwar auf der Grundlage von etwas, das sie »back action« (Rückwirkung) nennen – ein Phänomen, das man in Zusammenhang mit subatomaren Teilchen kennt und das darauf hinausläuft, dass die Zukunft sich umkehrt und bewirkt, dass etwas Bestimmtes in der Vergangenheit geschieht.)

Der Grund dafür, dass wir diese eigenartigen Ideen und Möglichkeiten ernst nehmen müssen, hat damit zu tun, was dieser Zugang zu Wirklichkeiten höherer Dimensionen konkret bedeutet. In *Zurück in unsere Zukunft* berichte ich vom Philadelphia- und Montauk-Experiment. Diese beiden Versuche waren in einem Hyperraum miteinander verbunden: Das eine Experiment fand am 12. August 1943 statt, und das andere am 12. August 1983, aber eigentlich waren beide Teil ein und desselben hyperdimensionalen Ereignisses. Man könnte sich eine Perspektive aus einer höheren Dimension vorstellen, von der Handlungsstrahlen in unsere historische Zeit ausgesendet werden. Wesen auf einer höheren Dimension wären in der Lage, in mehreren verschiedenen Momenten »hier« »gleichzeitig« zu handeln, während sie sich »die ganze Zeit über« in ihrer eigenen Dimension »weiterentwickeln«, in ihrer eigenen Zeit, auf eine Weise, die wir uns nicht vorstellen können.

Wenn wir das *Merkaba-Feld* wahrzunehmen beginnen, das unseren Körper umgibt und erkennen, dass dieses Feld selbst auf einer höheren Dimension existiert, wird uns klar, dass wir selbst bereits auf höheren Dimensionen existieren. So zum Beispiel ist es vollkommen wahr, jetzt, in diesem Moment, dass wir alle ein *Merkaba-Feld* haben, das als unsere wahre Natur existiert. Diese Tatsache ist in Relation zu unserer eigenen persönlichen Geschichte, wie wir sie kennen, etwas, das uns in der Zukunft bekannt werden wird. Aber »zeitlos« betrachtet, ist es wahr. Wir sind das, was wir letztlich sind, für alle Ewigkeit. Wir bringen es nur in Erfahrung, wenn wir uns im Laufe der Zeit weiter entwickeln. Doch für uns ist unser *Merkaba-Feld* etwas, das in der Zukunft liegr. Doch können wir dazu gelangen, ansatzweise schon jetzt zu erfahren, was es damit auf sich hat, indem wir die Meditation praktizieren, auf die in *Zurück in unsere Zukunft* eingegangen wird. Die Art und Weise, wie wir unser Leben erfahren, ändert sich dramatisch, wenn wir unser *Merkaba-Feld* zu erfahren beginnen.

Für uns existiert unser Höheres Selbst, unser Einheits- oder Christusbewusstsein im Reich des Möglichen. Die Möglichkeit ist die Domäne der Zukunft, aber wenn wir deklarieren, dass die Wirklichkeit selbst im Kern das Reich des Möglichen darstellt, wissen wir, dass die Zukunft sich jetzt abspielt.

Drunvalo Melchizedek

Die Blume des Lebens Bd. 1

228 Seiten, gebunden, DM 48,00
ISBN 3-929512-57-2

Die Blume des Lebens Bd. 2

240 Seiten, gebunden, DM 48,00
ISBN 3-929512-63-7

Es gab einmal eine Zeit, da kannte alles Leben im Universum die Blume des Lebens als das Muster, nach dem sich die Schöpfung vollzog. Sie ist das geometrische Muster, das uns in das physische Dasein hineinführt und wieder aus diesem heraus. Drunvalo Melchizedek präsentiert hier in Worten und Bildern das Mysterium, wie wir entstanden sind, warum die Welt so ist, wie sie ist, und welche subtilen Energien es ermöglichen, dass unser Gewahrsein voll erblüht und seine wahre Schönheit entfaltet. Heilige Geometrie ist die Form, die unserer Existenz zu Grunde liegt und auf eine göttliche Ordnung in unserer Wirklichkeit verweist. Diese Ordnung lässt sich vom unsichtbaren Atom bis zu den unendlichen Sternen verfolgen. Die Informationen in diesen beiden Bänden, das ist ein Weg, doch zwischen den Zeilen und zwischen all den Abbildungen blitzen wahre Juwelen eines weiblichen, intuitiven Verstehens auf.

Drunvalo Melchizedek **MER-KA-BA**

CD DM 38,00, 60 min
ISBN 3-929512-64-5

Auf dieser CD leitet Drunvalo selbst die Mer-Ka-Ba-Meditation mit der Einheitsatmung an. Zuerst wird die persönliche Mer-Ka-Ba aufgebaut, stabilisier, in Bewegung gebracht und dann mit Mutter Erde und Vater Himmel verbunden.

Die CD beinhaltet zwei Meditationen: Die Originalfassung, gesprochen von Drunvalo und die deutsche Übersetzung. Musik: Karl Grunick.

Gregg Braden

Zwischen Himmel und Erde

Der Weg des Mitgefühls
Paperback, DM 38,00
ISBN 3-929512-83-1

Alte Texte erinnern uns daran, dass Mitgefühl ein erreichbarer Wahrnehmungszustand ist, der die Qualität unseres Wohlbefindens bestimmt. Neuere Untersuchungen weisen darauf hin, dass mitfühlendes Empfinden unser vergessener Einschalthebel für gewaltige genetische Möglichkeiten sein könnte. Dieses Buch ist eine schrittweise Anleitung für die alten Wissenschaften des Mitgefühls und es beschreibt Geheimnisse der Essener über Beziehungen, mit Fallbeispielen und Geschichten aus dem Leben. Eine Gelegenheit, Hass, Angst, das Gefühl des Getrenntseins sowie die Rolle dieser Gefühle in unserem Leben neu zu definieren!

Gregg Braden

Der Jesaja Effekt

Paperback, DM 38,00
ISBN 3-929512-73-4

Könnte es eine vergessene Wissenschaft davon geben, wie wir die uns prophezeiten Kriege, Krankheiten und Katastrophen transzendieren können? Ist irgendwann in grauer Vorzeit etwas geschehen, dass eine Lücke hinterlassen hat in unserem Verständnis unserer Beziehung zu unserer Welt und zueinander? Zweieinhalbtausend Jahre alte Texte stimmen mit der modernen Wissenschaft überein, dass die Antwort auf diese und ähnliche Fragen ein deutliches »Ja!« sein muss. Wir beginnen gerade, die Sprache dieser alten Texte zu verstehen, mit der wir an zwei machtvolle Technologien erinnert werden, mit deren Hilfe wir auf den Zustand unserer Körper und unserer Welt Einfluss nehmen können.